圖解

與潛意識結為盟友，說出高成效精彩人生

正向語言的力量

永松茂久／著　張嘉芬／譯

三民書局

國家圖書館出版品預行編目資料

圖解 正向語言的力量：與潛意識結為盟友，說出高成效精彩人生／永松茂久著；張嘉芬譯.——初版五刷.——臺北市：三民，2024
面；　公分.——（職學堂）

ISBN 978-957-14-6627-9（平裝）
1. 說話藝術 2. 生活指導

177.2　　108006316

|職學堂|

圖解 正向語言的力量：

與潛意識結為盟友，說出高成效精彩人生

作　　者｜永松茂久
譯　　者｜張嘉芬

創 辦 人｜劉振強
發 行 人｜劉仲傑
出 版 者｜三民書局股份有限公司（成立於 1953 年）

三民網路書店
https://www.sanmin.com.tw

地　　址｜臺北市復興北路 386 號　（復北門市）　(02)2500-6600
　　　　　臺北市重慶南路一段 61 號（重南門市）　(02)2361-7511

出版日期｜初版一刷 2019 年 7 月
　　　　　初版五刷 2024 年 3 月
書籍編號｜S541440
I S B N｜978-957-14-6627-9

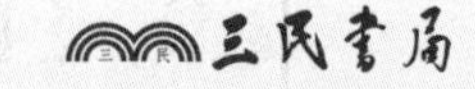

距今十多年前，有一位年輕人，一直在找尋某種「讓人生向上的魔法力量」，相傳它存在世上「某個地方」。

這位年輕人到過很多地方學習，並測試他學會的各種方法，但都沒得到預期的結果，獨自鬱鬱寡歡。

「魔法力量……或許世上根本就沒有這種好康，只不過是個謠言罷了。」

正當這位年輕人打算放棄之際，他在因緣際會下，認識了一位智者。他心想：

「要是問了這個人又不行，那就放棄吧！」

智者先談了自己過往的諸多經驗。接著，年輕人開口問他：

「請問大師，世上有讓人生無往不利的魔法力量嗎？」

智者帶著和藹的眼神，凝望著年輕人的臉，停頓了半晌之後，說：

「有。」

「真的嗎？」

「嗯，的確有這種魔法力量。」

年輕人強忍著令人全身汗毛直豎、戰慄不已的奇妙感受，等著智者再說下去。

「就是做一件簡單小事呀！」

「懇請大師指點心法。」

智者徐徐地說：

「**方法就是要說好話。**」

年輕人很困惑，心想：

「說好話？人生才不會因為這樣就無往不利。世上果然沒有這種好康的魔法。」

他覺得大失所望。

智者似乎察覺了年輕人的心思，又接著說：

「你可能會覺得懷疑，覺得難以置信，但語言本身就是一種魔法。」

「語言就是魔法……？」

「沒錯。年輕人，你聽好，人們使用語言，並透過語言進行心靈的交流。然而，就因為語言太過想當然耳地任人使用，所以了解語言力量的人並不多；就算了解，能長期且有意識地運用語言力量的人，更是少之又少。於是人們便會為了尋找魔法力量，而再踏上漫無目的的旅程。人就是因為這樣，才會感到痛苦。」

年輕人的腦海中，閃過自己在這段旅程中一路走來，掙扎前行的模樣。此時智者柔和的口氣為之一變，他直視著年輕人的眼睛，堅定地說：

「年輕人，你不妨記住這項法則：好話會創造光明的未來，人生會照著你所說的話發展。」

語言裡蘊藏著魔法力量，語言本身就是魔法。
年輕人決定相信智者的這番話。
年輕人身邊有很多朋友，專注於鑽研自己的工作技能。
也有很多朋友為了找尋調整心念的良方，而不斷地雲遊四海。
還有更多朋友是一心追逐著財富。
唯有這位年輕人全心全意地要求自己學會說好話。
「說好話」實驗進行不到兩星期，年輕人的人生就開始出現奇妙的變化。
就如智者所言，年輕人身上開始有許多好事降臨。
同時，年輕人周圍的人也開始出現轉變。
最令人訝異的是：這位年輕人所說的話、所寫的事，竟一一成真。
智者說的話是真的。

很多人都說，二十世紀最大的發現，就是「意念會成真」這項法則。

這項法則最初是在十七世紀時發現，在極少數的一小部分人之間口耳相傳，並奉為真理，直到二十世紀才廣為人知。

然而，進入二十一世紀，經過人類更深入的研究之後，發現還有其他因素，帶給人類的影響更勝於「意念」。

這項因素，就是「語言」。

很多人認為意念催生語言。

然而，其實是先有語言，意念和情感才附隨而來。

換言之，是語言在先，心念在後。

空有意念不會成真。

要將意念化為語言，意念才有力量，才會開始往心想事成的方向衝刺。

凡事都要先化為語言。

而語言會成真。

前言

「你平時所說的話，正在塑造你的人生。」

這正是本書想傳達的唯一一個訊息。

「謝謝」、「我好開心」、「令人火大」、「糟透了」……。自己說的話、眼睛看到的文章、聽到的一字一句、廣告詞、電視上傳來的句子，還有在網路或社群網站接觸到的文字……。

環顧四周，我們生活的這個世界充斥著各種語言。然而，就因為它們太過想當然耳、太過密切地圍繞在你我身邊，所以讓人不太會意識到它們的存在。

可是，這些和你我常相左右的語言，其實大大地影響了我們的人生。

各位好，我是永松茂久。

我目前在東京負責綜合教練學院——「永松塾」的營運工作，培育有心追求自我實現、有意從事出版，或想以演講、講習課程、管理顧問、教練服務為業的人才。

除了打理這一所教練學院之外，我還經營了一家公司，名叫「人財育成 JAPAN 股份有限公司」，旗下開設了五家餐廳，分別位在九州的大分縣及福岡縣。

前年，我以人生導師的教誨和過去十五年在業界打滾的經驗為基礎，將「未來實現教練」的相關知識，做了一番系統化的彙整。

在我運用這一套理論，面對許多人的人生目標、煩惱的經驗當中，我更堅信「人會因為語言而成長」。

在我打理的永松塾，還有我自己經營的公司裡，有一個共通的重要約定。

那就是禁止否定。

我們的概念，就是「沒有否定的空間」。

對此，學員和員工的迴響非常熱烈，紛紛向我們表示，自己只不過是在生活中打造了「沒有否定的空間」而已，竟然「工作業績出現驚人成長」、「運勢變旺」、「人際關係變好了」。

「改變語言？這樣人生就會改變嗎？」

起初許多人都半信半疑，但到頭來一定會改變。

不僅在學院裡，在我工作的職場，以及我擔任諮詢顧問或教練服務所接觸到的人，看了他們身體力行的實際績效之後，我可以很有信心地這麼說。

磨鍊工作能力當然重要，熟悉社會脈動也很重要，學會專業知識更是重要。

然而，最重要的，莫過於駕馭你我言行的總指揮——心念，換言之，就是要把心念調整到讓凡事都能順心如意的方向上。

「言之易而行之難」，人的心念要改變，絕非易事。

不過，在重重困難之中，有一個絕無僅有的方法，能讓任何人都可以輕鬆改變自己的心念。

期盼透過本書，能讓各位學會一項技能，那就是：

「養成說好話的習慣」

僅此而已。

「要是說說好話人生就能無往不利，就不會有這麼多麻煩了。」

各位或許會有這樣的想法。不過，您大可不必一開始就認同，也不必帶有任何情緒，只要動嘴說說好話即可。

在繼續閱讀本書的過程中，若您可體會「先動嘴說說好話」為何如此重要，您就會覺得「什麼嘛！原來這麼簡單的小事就能讓人生無往不利？」因而大感錯愕。

本書內容大致可分為四個部分（與章節無關，是指內容主題的分類）。

第一個部分，我們要談談無往不利者所用的語言究竟有什麼威力，以及它們該如何使用。

第二個部分，要介紹語言影響心念的機制如何運作。

第三個部分，要具體地說明如何學會說好話。

第四個部分，則是要教大家如何打造說好話的環境。

書中完全沒有任何無法身體力行的難事。

所有內容均以我個人在從事教練服務的過程中，體會到的觀察和經驗為基礎寫成。

期盼能讓您輕鬆地為自己開拓出人生的光明坦途。

期盼您和您身邊的人都能得到幸福。

那麼接下來，就讓我們開始進入正題。

目次

第1章 無往不利的人，都在巧妙地運用「語言的力量」

第2章 為什麼「改變語言」就能扭轉未來？

第3章 如何讓自己養成使用正向語言的習慣

第4章 「沒有否定的空間」會改變你的人生

第1章

無往不利的人，都在巧妙地運用「語言的力量」

自古以來，日本人都相信語言當中蘊藏著奇妙的力量。

日本人認為世上存在一股力量，會讓人開口說出來的話成真，並把這種力量稱為「言靈」。

老是滿口負向語言，就會發生不愉快的事；總是句句好話，就會發生更多令人想說好話的好事。

不論你我是否相信言靈之說，我們每天所說的話，的確是對自己的一種暗示。

常用正向語言的人，就是對自己的正向暗示；常用負向語言的人，就是在對自己施以負向暗示。

駕馭你我方向的，就是「語言」。

而如何轉動人生的方向盤，將決定你我的人生。

1 為什麼「語言」會比「意念」更有力？

無論如何衷心企盼，只要不說出口就不會實現

假設您花了三天三夜，想像了一份蛋包飯。

很好，蛋包飯的想像圖已經完成了。

現在您的腦海裡，當然是充滿了黃色蛋皮和番茄醬（或多明格拉斯醬）的美味畫面。

請您帶著這個狀態到西式餐館去，一邊釋放「給我蛋包飯」的念力，一邊這樣點餐：

「**請給我一份炸豬排咖哩飯**。」

讓我們來想一想：您眼前究竟會出現什麼餐點呢？

答案應該已經呼之欲出了吧。

正確答案是炸豬排咖哩飯。

店員點錯單送來蛋包飯的機會，點一萬次炸豬排咖哩，應該都還不見得會碰到一次吧（時下餐廳的點餐水準已大幅提升，機率說不定還更低）？

簡而言之，我想表達的重點，就是「**語言比意念更有力**」。

或許您會認為：那是面對人的時候才這樣！如果是自己心裡想要的，自己都知道，那當然就是意念比較有力了呀！

這個道理，我想後續您就會慢慢明白，這裡姑且先賣個關子。不過，即使我們從大腦的觀點來看，語言的力量，同樣是凌駕在意念之上。

◇◇◇◇◇

語言比「內心話」或「意念」更有力

假設您想追求事業成功，卻老是把「反正我這種人啊，就是個不起眼的上班族啦！」之類的自謙之詞，像口頭禪似的掛在嘴邊。

這時候，「意識」和「語言」，究竟哪一方會勝出呢？

答案同樣是語言。

因為您說的話正在向大腦下達指令，要大腦把自己變成一個「不起眼的上班族」。

當您說出了違心之論時，不管內心再怎麼渴望出人頭地，您的大腦深處，就是完全無法接受這份渴望。

接收到語言指令的大腦，影響力遠比內心話或意念來得更有力。

大腦會敏感地做出反應、並無條件服從的，是那些從您口中說出來的話。

「語言」的力量，比「意念」或「內心話」更強大

就算再怎麼一心想著要吃蛋包飯……

您所說的話，正在向您的大腦下達指令

POINT

大腦對於那些從我們自己口中說出來的話，才會有所反應

2 受人稱讚時別謙虛，要大方地接受

習慣性謙虛，會降低自我肯定

請問各位：受人稱讚時，您會如何回應呢？

「你好厲害！」

「不不不，我沒什麼了不起的。」

「哪有？沒那回事。」

各位會怎麼應對呢？

是不是一聽到有人說「妳長得好漂亮」，就回答：

「才沒有，我一點都不漂亮。」

「才沒有，我對自己的長相沒什麼自信。」

日本人有一種文化，那就是在受人稱讚時，要予以否定，以表示自謙。我們稱之為「謙虛」。

日本社會將「推辭別人的讚美，自稱不如人」視為美德。

我明白「謙虛」是在日本社會流傳已久的高尚文化，但我還是要說：請各位從現在起，就把說「沒有沒有，我才沒有」的習慣，立刻改為：

「很高興聽你這麼說，謝謝你！」

謙虛和自貶僅有一線之隔。

一旦謙虛過了頭，恐將重挫各位對自己的自我肯定。

實際上，我也看過許多因為習慣性謙虛，而在無意之中貶低了自我價值的人。

◇◇◇◇◇將期望化作語言，烙印在腦海裡

從你我口中說出來的話，會被大腦接收，並在大腦深層形成記憶，開始影響你我日後的生涯規劃。

你我今後會採取什麼行動、走上什麼樣的人生路……你我未來的發展如何，端看你我所說的話來決定。

因此，平時的說話習慣，更顯得格外重要。

「我想當個有錢人。」

「我想更功成名就。」

「我想成為理想中的自己。」

若您有這樣的想法，就應該用合適的言辭，把這些話反覆地烙印在腦海裡。

或許一開始會說得有些尷尬，甚至是言不由衷。

不過，只要您勇往直前地開口，就會越來越懂得如何掌握適當的表達時機，到頭來就不會再感到尷尬或虛偽。

凡事起頭難，剛開始時總難免感覺狼狽或尷尬，但只要先依樣畫葫蘆就好。

您的心念，日後必定也會跟著改變。

先把自己的心願化為語言，長此以往，大腦就會願意相信自己說的這些話，最後我們就能大方地談論充滿光明希望的未來。

我們要把正向語言烙印在自己的意識裡。因此，就讓我們把心願化為語言，釐清自己的期待吧！

就從留意自己平時隨口說的話開始做起吧！

過度習慣謙虛，會貶低自己的價值

謙虛會拉低自我肯定

描述自己理想的樣貌，並再三重複

POINT

一再重複正向語言，藉以在腦中烙下深刻的印象

說什麼樣的話，就會成為什麼樣的人

即使時間短暫，不同的用字遣詞仍能讓人出現鉅變

我現在的身分是作家。因為這份工作，讓我結識了許多同業的好朋友。

前幾天，我和一位好久不見的作家朋友——就是不斷推出精彩作品的暢銷作家池田貴將先生餐敘。

他巧妙地融合了東方思想與西方的動機研究理論，成為新生代成功哲學作家的第一把交椅。我稱他是「文字工作業界的百科全書」。

前面提到語言的使用，而在我和他的對話當中，就有一個關於語言的大發現。

「永松兄，美國有一項研究，發現了一件很有意思的事。

研究小組做了一項實驗。他們找來了十二位受試者，並分為四組，請受試者用幾個詞組造句。

其中兩組要用『滿懷期待』、『嫩葉』、『未來』、『健康』、『好朋友』等，令人聯想到年輕人的關鍵字來造句。

剩下的兩組則是要用『白髮』、『拐杖』、『皺紋』、『全身動彈不得』等，令人聯想到年長者的關鍵字來造句。

寫完之後，再請受試者移動到另一個場地。

結果你知道發生了什麼事嗎？」

我不知道究竟發生了什麼事。正確答案如下：

「結果，使用『聯想到年長者』的關鍵字那一組，走路速度竟比使用『聯想到年輕人』的關鍵字那一組慢了許多。」

「原來如此，這個研究還真有意思。」

「是呀！這項研究的結果，證明了『**人說什麼樣的話，就會成為體現那些話的人**』。」

每當池田聊到這些研究的話題時，眼中總是閃爍著光芒。（池田貴將近期又推出了一本精彩作品《這些心理學實驗告訴你這樣做事最有效：掌握人類行為動機，交涉、決策、銷售一出手就精準到位》，很符合「文字工作業界的百科全書」形象，建議各位不妨一讀。）

◇◇◇◇◇

成功人士不過分謙虛的原因

從池田告訴我的這個實驗當中，我們可以發現一件很重要的事：用字遣詞千萬不能隨便。

人生無往不利的人，就算是說笑或謙虛，也絕不用那些會貶低自己價值的語言。

因為他們很清楚：每一個無心的字句，都可能會重創自我形象。

每一個無心的字句，
都可能重創您的自我形象……

POINT

就算是說笑或謙虛，也別用那些會貶低自己價值的語言

「改變語言」會比「改變心念」更快見效

◇◇◇◇◇

最認真聽我們說話的，是我們自己的耳朵

說過什麼，就過著什麼樣的人生，每個人都一樣。或許您會認為「沒那回事」，但事實的確如此。

語言是我們對自己的一種自我暗示。尤其是我們對別人說的話，因為說話當下的注意力都集中在對方身上，所以說出口的話，更是毫無防備地進入自己的大腦裡。

最認真聽我們說話的，不是別人，就是我們自己的耳朵。

以往，許多人都曾從各種不同的角度探討過成功哲學。

然而，這當中有許多論述都流於毫無根據的精神論。

人生在世，固然需要一些調整心念的訓練，例如要「活得積極樂觀」、「埋首努力」等。畢竟學習如何活出自我，是一個很重大的覺察。

然而，光是這樣做，終究還是有極限。**因此，我們還需要一些具科學基礎的驗證**。

我因為從事人才培訓工作，而學習了心理學與腦科學理論，並一路實踐、驗證迄今。這段經驗，讓我得以從理論上和感受上，明白語言對人類的心念和表達，具有極大的影響力。

「心念」要透過語言表達，才能成形；成形後再加上情緒，才開始朝著實現的方向快速發展——人生無往不利的人，不論是否意識到這件事，至少他們都透過自己的經驗，體會到語言的力量。

當我們要挑戰某項任務時，只要認定「我可以辦得到」，事情就會順心如意；一說出「恐怕辦不到」的當下，事情就會一語成讖，失敗收場。

只要改變心念就行了嗎？的確是如此。但你我花了幾十年時間型塑出來的自己，心念的趨向豈是那麼容易就能改變的。

因此，我們才要運用語言的力量。

◇◇◇◇◇

先改變語言，意念就會隨之轉變

有人說，大腦中儲存的記憶，是由兩成影像、八成語言所構成。

而原本只有影像記憶的那些內容，催生出了語言文字，並經過充分運用後，才得以讓人類的進化速度飛快，遠勝其他動物。

可是，綑綁住人類發展的，其實也是語言。

常識、既往的數據、人的刻板印象……人類透過語言文字的累積，不斷地創造意念、思維。

換句話說，意念、思維其實就是語言。只要改變語言，我們的意念就會隨之轉變。

因此，我們首先要改變的不是心念，而是自己說話的習慣。

在本書當中，我將「工作很忙」、「因為我沒錢」、「用常識想想就知道」、「以前也失敗過」等，以否定字詞為首的字句或話語，稱為「**負向語言**」、「**負面言論**」；而「一定會順心如意」、「不試試看怎麼知道」、「謝謝」等肯定的字句或話語，稱為「**正向語言**」、「**正面言論**」。

我們說過什麼，就過著什麼樣的人生，無一例外

不只改變內心想法，還要改變說詞

大腦中儲存的記憶，是由兩成影像、八成語言所構成

POINT

改變語言，心念的趨向也會隨之改變

天天說正向語言，人生就會改變

◇◇◇◇◇

最具代表性的正向語言，和最具代表性的負向語言

我把「對自己說肯定式的正面言論、正向語言」的習慣，稱為**自我肯定宣言（以下簡稱「肯定宣言」）**。

無往不利、功成名就的人，嘴邊總掛著「我可以做到」，並將這個舉動化為習慣，為自己建立自信。

因為他們都很清楚：這份自以為是，能引領自己朝著成功的方向前進。

我們平常會去買東西，或理所當然地到公司上班，又或是準時抵達某個目的地。

這些都是出於個人意志的行動。

人唯有在面對自己認為理所當然的事情時，才會理所當然地落實執行。

因為我們每個人都活在自己所設定的「意識標準」裡。

我開辦了一所名叫「永松塾」的學院，目的是協助個人實現未來願景、培育人才。

平時我會提供學員一些較具代表性的正、負向語言範例，在此也和各位分享。

【正向語言範例】

很好、謝謝、托您的福、好厲害、沒關係、最喜歡、對不起、可以呀、運氣好、這樣就會轉好了、還會再更好

【負向語言範例】

不可能、不安、好麻煩、不行了、火大、不容許、糟了、辦不到、真倒楣、笨蛋、傻瓜、少根筋、糟透了

◇◇◇◇◇

只要每天早、晚有空時，開口說說正向語言就好

請您務必在每天早、晚有空時，開口說說這些正向語言。

不管您心裡認不認同，只要開口說說，言不由衷也無妨。

還要請各位特別留意一點：盡可能在您獨處時進行（要是身旁有人在，您保證會被

當成怪人（笑））。

習慣說這些正向語言或正面言論，您的意識自然就會開始轉變，您的眼前，將看見那些過去被您忽略的成長種子。

我再強調一次。

只要開口說說正向語言，您的人生就會出現巨大轉變。

或許您覺得很難相信，但從我過去提供許多教練服務和諮詢顧問的經驗看來，我敢說我有自信，一定會改變。

養成開口說正面言論、正向語言的習慣

正向語言範例	負向語言範例
◎ 很好	× 不可能
◎ 謝謝	× 不安
◎ 托您的福	× 好麻煩
◎ 好厲害	× 不行了
◎ 沒關係	× 火大
◎ 最喜歡	× 不容許
◎ 對不起	× 糟了
◎ 可以呀	× 辦不到
◎ 運氣好	× 真倒楣
◎ 這樣就會轉好了	× 笨蛋
◎ 還會再更好	× 傻瓜
	× 少根筋
	× 糟透了

即使不認同也無妨，總之就是開口說

POINT

每天早、晚有空時，開口唸唸這些正向語言就好

⑥ 儲備大量正面言論

◇◇◇◇◇ 將負面言論轉換為正面言論的訣竅

「托您的福，今天也是狀況奇佳，謝謝關心。」

「托您的福，我的未來大有可為，謝謝關心。」

「托您的福，就算發生一些零星狀況，也都能安然度過，謝謝關心。」

「這也是在把我的人生帶往正向，承蒙各位關照，謝謝各位。」

「托您的福，總算走出最幽暗的人生低谷，再來就要大顯身手啦！」

「托您的福，大家都很敬仰我、尊敬我。」

「我的夢想一定會實現。」

儲備一些諸如此類的正面言論，人生就會出現巨大轉變。

不論您是否真有切身感受，關鍵是要先開口反覆地說，畢竟養成使用正向語言的習慣，才是最重要的。

等適應了之後，說的時候就能投入感情了。

把這些好話貼在平時容易看到的地方，例如寫在紙上、記錄在手機裡、存在電腦裡等，也不失為好方法。

就我所知，那些成就非凡、活躍於世的人士，都有一個特質。

那就是隨時提醒自己盡可能說「正面言論」。

而且這還不只是要求自己盡量不說負面言論，是要多說正面言論，因此自然就會養成「不說負面言論」的習慣。

您想不想讓自己也轉為這樣的體質呢？

◇◇◇◇◇ 以正向語言取代負向語言，營造腦中的正面想像

不要凡事都覺得「不可能」，讓自己還沒開始就先放棄。當我們要描述同一種情況時，只要稍加慎選用詞，就能把話中的否定意涵轉為肯定。

例如像以下這些說法。

「別搞砸」↓「一定要成功」

「別擔心」↓「放心吧」

「別遲到」↓「○點×分之前要到」

「不必跟別人比較」↓「做自己就好」

只要稍微留意用字遣詞，就能在同樣的語意下，輕鬆地把話說成正面言論。

所以，請各位在語言上多用心，盡可能戒除負面言論，改用正面說詞。

而下一步就是要在自己的腦海中創造正面想像。

當我們持續改說正面言論後，心境也隨之轉變，讓我們凡事能以肯定的角度來看待。

改用正向語言，不僅個人受惠，就連你我身旁的人，心情也都能變得更愉悅。

多說正面言論的人，負面言論自然就會減少

成就非凡者的特質 ＝ 提醒自己多說正面言論

我的夢想一定會實現

托您的福，就算發生一些零星狀況，也都能安然度過，謝謝關心

托您的福，今天也是狀況奇佳，謝謝關心

托您的福，總算走出最幽暗的人生低谷，再來就要大顯身手啦！

負面言論		正面言論
「別搞砸」	→	「一定要成功」
「別擔心」	→	「放心吧」
「別遲到」	→	「○點×分之前要到」
「不必跟別人比較」	→	「做自己就好」

POINT

把正向語言寫在紙上，或記錄在手機裡吧！

運用「自我應驗預言」，成就夢想或目標

◇◇◇◇◇ 不必馬上就讓負面語言歸零

有人會說：「我是個一絲不苟的人，說不了謊。所以我不認同的事，就無法開口講。」

這裡的重點在於「要先讓自己開口說出正向語言，就算說謊也無妨」。

我這樣說或許有些魯莽，但不管您自己認同與否，請先從使用正向語言開始做起。

就算您起初只是言不由衷，但在重複說出正向語言的過程中，您的心境、狀況，甚至是對事物的觀點、感受等，就會隨之改變。

理想狀態當然是要讓負面語言歸零，但也不必操之過急，只要持續減少負面語言，同時也逐漸習慣正面語言就好。

這個概念就像是我們的心裡，裝著一盆乾淨的水。

只要有一滴黑水滴進這盆淨水裡，這盆水就會變髒。而黑水就是負向語言。

我們要把正向語言一點一滴地加進盆子裡，讓水變乾淨。

像這樣有意識地關注自己所說的話，就能大大地改變人生。

這個舉動並不花錢。換句話說，不說正向語言，反而才是吃了大虧。尤其是對於充分了解言靈威力的人而言，「使用負面語言就是讓自己吃虧」根本就是一項常識。

◇◇◇◇◇ 不論你說過什麼，大腦都會設法讓它實現

心理學上有「自我應驗預言」這個名詞。

「自我應驗預言」這種現象，指即使是毫無根據的一句話（謠言或成見），只要說話者相信它並採取行動，到頭來這番說過的話就會成真。

我想很多人應該都有這樣的經驗：當您信任的人說了一句「我相信你一定能做到」，您便感到心情愉快，最後創造出超乎想像的佳績。

因為只要是從我們自己口中說出來的話，無論是好是壞，到頭來終究會成真。如果各位老是把「我沒有錢」、「我無藥可救」掛在嘴邊，「一語成讖」的情節就會實際上演。

不論是好話、壞話，只要進入大腦深層，大腦就會設法讓它實現。

反之，要是經常說積極樂觀的字句呢？

我想各位應該都能想像到了吧。

不斷向身旁的人重複訴說夢想或目標，就會越來越有自信；而那些聽我們大談心願的人當中，也會出現能為你我打氣助陣的人物。

到時候，這些有力人士就能為你我引薦懷抱相同目標的人，或對我們伸出援手。

而我們的夢想，當然就會越來越接近現實。

持續使用正向語言，縱然言不由衷也無妨

在心裡滴入正向語言，減少負向語言

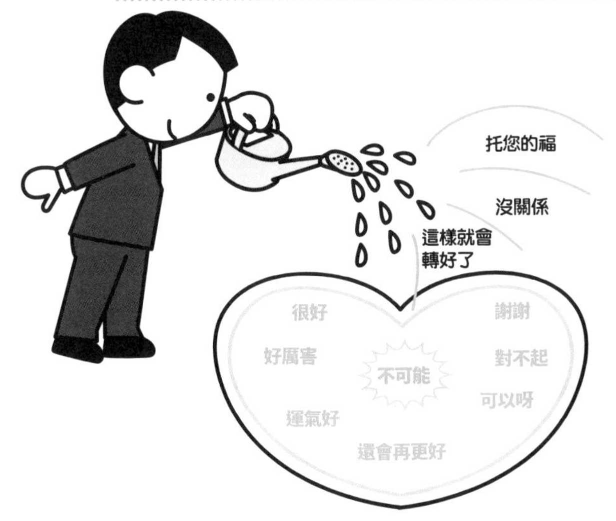

善用「自我應驗預言」，讓自己說過的話成真

POINT

大腦會設法實現自己說過的話，要善加運用這項機能

改變成見，待人接物也會隨之改變

◇◇◇◇◇◇◇◇◇

「很害羞」、「沒耐心」、「冷漠」……
這些成見，真的都正確嗎？

當您一再重複訴說的正面言論進入自己的心裡時，它就會化為一股強大的原動力，讓您找出能在現實生活中無往不利的妙方。

將大腦中的想像化為語言，就能把機會視覺化；不斷重複開口，就能讓成功的想像在大腦裡紮根。

你我都擁有無限的想像力。人類勾勒想像的能力，沒有極限。

每個人的行住坐臥，都是在順從自己的心念。

舉例來說，有些人覺得自己「沒耐心」、「容易緊張」或「很害羞」。

然而，這些成見真的都正確嗎？

說不定那只是你我在過去的人生經驗當中，曾經說過、聽過，或從周遭環境得知的話語，恰巧造成了這樣的認知。每個人都會隨著自己的成見，而採取相對的行動。**成見越深，越容易反映在行為上。反之，只要改變腦中的成見，你我的行為或待人接物的方式，也會隨之改變。**

若能理解這一點，您就能為了自己而養成說正面言論、正向語言的習慣。只要時時提醒自己「盡量少說會對自己造成負面影響的負面言論，多說正面言論」即可。這個說法並非精神論，而是以人類大腦與身體運作機制為基礎所提出的科學論述。

◇◇◇◇◇

大腦是一部會為你我實現夢想的自動運轉設備

要把自己的人生導向光明，最簡單的方法，就是讓自己成為一個說好話的人。當我們開口談目標、希望或金玉良言時，這些內容就會自動傳送到我們的大腦。接著，大腦深層就會向整個大腦發號施令。這個動作無關意願、好壞，總之大腦就會朝著聽到的方向前進。

因為我們的大腦，就像是一部會自動達成目標的設備。

從第二章起，我會針對「為什麼說出來就會實現」進行更完整的說明並提出根據。

改變成見，結果也會隨之改變

人都在對自己下暗示

你的成見真的正確嗎？

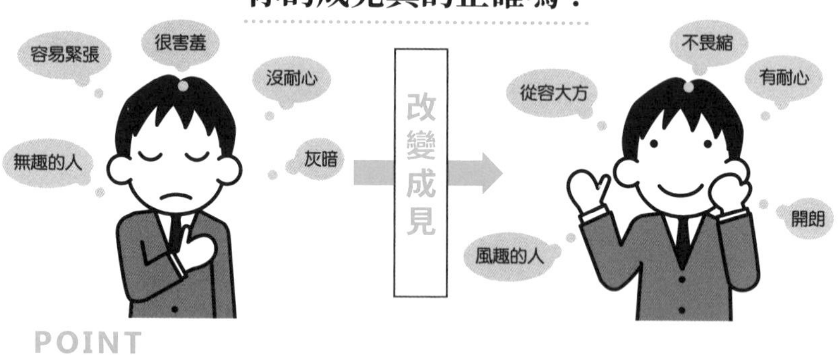

POINT

只要改變自己說的話，就能扭轉自己內心的成見

專　欄

寫下「未來的劇本」，實現夢想的機率就能增長十倍！

◇◇◇◇◇

兩年前寫下的劇本，竟原封不動地實現！

以下這是我個人的經驗，千真萬確。

我是在距今十七年前，也就是二〇〇一年三月時創業。

當時我一起步就全力衝刺，畢竟我創業的地點，是一個人口不到十萬的鄉間小鎮。由於諸多因素，再加上我當時做的事業，發展程度與人口多寡成正比，因此創業後不久，營收便逐漸走下坡。不到三個月，我就已經被逼得走投無路，必須在外到處兜售產品，否則公司就活不下去，連員工薪水都發不出來。

坦白說，就經營上而言，當時我的行商兜售，前途簡直是一片黯淡。我在下榻的旅館裡，寫下了一段文字。

題目是「二〇〇一年五月十二日，我的夢想」。內容如下：

「天氣晴朗。今天是我們的大好日子，很多人帶著賀禮前來，包括平時關照我們的人、各方夥伴、好友，以及一路力挺我們的家人、廠商。每個人臉上都帶著欣喜的表情。我那剛開始學走路的小孩，也在會場裡搖搖晃晃地走著。身上的外出服，似乎讓他覺得很彆扭。

到了日暮時分，宴席總算備妥。我站上舞臺，一一點名請每位和我並肩奮鬥的夥伴上臺，大家都滿臉爽朗、開懷。接著我向滿場賓客逐一介紹這群好夥伴，我知道這樣做實在是太狂妄，但今天就請容我放肆一下吧。

有一位從開幕之初就很關照我們的廠商老闆，也是座上賓。在他帶領眾人舉杯後，宴席正式揭開序幕。今晚每個人都是英雄，就讓我們喝個通宵達旦吧！」

就在我寫下這段文字的整整兩年後，也就是二〇〇三年五月十二日，我們竟然真的辦了一場新事業發表會。

在這場發表會上，我親身經歷的一切，和兩年前所寫下的日記內容如出一轍。我甚至還覺得：

「莫非我是個預言大師？」

不過，事到如今，我總算明白了一件事：

我根本就不是什麼預言大師。這種事人人都做得到。

人要想像自己的目標，最好想像的畫面要能清晰可見，甚至還有色彩，然後再把目標內容用文字寫在紙上。接著只要堅信自己的目標，就能在潛意識的運作下，確實地往目標方向前進。

因為這個發現而催生出的教練課程，就是「**未來的劇本**」這項實作活動。

想要有一段感動人心的人生經驗，就要把自己的想像一五一十地寫在紙上，再將它們編成故事，化為文字。這個方法相當有效。

其實最理想的情節，不是只有您自己一個人開心，而是要和其他人同樂。不過，剛開始就先寫您自己一個人也無妨。

先寫下未來的故事之後，我們的腦海中就能浮現出一個想像。而最奇妙的是：現實竟然真的會依這個故事情節發展。

請各位務必試著編寫自己的未來故事。

第2章

為什麼「改變語言」就能扭轉未來？

平時我們有意識地進行思考、說話、決策等行為，其實只動用到大腦的百分之三，我們稱之為「顯意識」；而人類難以掌控的下意識範疇，則稱為「潛意識」。

潛意識具有四個特徵。

①無法判斷人類所謂的善惡

②無法分辨「自己」和「別人」

③除非進行更正，否則無從阻止已進入潛意識的話語

④潛意識無從辨認時間

因為潛意識的運作機制，是會將你我不經意脫口說的話，原封不動地儲存下來。人類的習慣、下意識的傾向和行為模式，在大腦中都是由潛意識區負責掌管。

說穿了，其實潛意識就像是儲存所有語言、影像，以及情緒型態的倉庫。接下來，就讓我們更深入地探討這個主題。

潛意識的特徵①

潛意識無法判斷善惡

潛意識會聽從你我所說的任何話

我們的潛意識，會對自己所說的話直覺地做出反應，並且無條件地服從。

因為潛意識隨時都在說「**遵命**」。

只要我們開口說「真舒暢」，潛意識就會做出能讓你我感到暢快的反應；當我們說出「總覺得很累」時，潛意識就會誘發一些不良的化學反應，讓你我感到不適或疲倦。

就我們人類而言，固然是前者的狀況最理想，後者的狀況應極力避免，但潛意識當中並不存在任何人情感受。**潛意識不僅控制我們的心情和身體狀況，還會在你我人生的每個情景中，控制所有下意識的行為**。

假設現在有一個人，他對任何人都抱持「不信任」。

他嘴上也總是說不相信別人。各位覺得他會有什麼樣的際遇呢？

想當然耳，這個人一直沒有機會認識值得信賴、誠懇待人的朋友。就算他周遭真的有這種人，潛意識也會在他不知不覺間運作，驅使他不要接近這些人。

反之，潛意識會滴水不漏地為他把握每個機會，讓他認識既不誠懇、又不值得信賴的人。

當他和這些不可信的人往來，被耍得團團轉之後，又會開口說出「看吧！我就說不能相信別人吧！」而潛意識會再讓這些話成真，強化「人不可信」的記憶。

平時常把負向語言掛嘴邊的人，只要盡量避免說這些話，改善效果就會非常顯著。

想結識貴人，就要不斷地說「我周遭的人都是好人」、「我身旁有很多值得信賴的人」，現實就會朝這個方向發展。

潛意識會解讀我們自己說出口的任何話，並且無條件地服從。接著，潛意識還會趁著你我尚未察覺之際，慢慢地重新塑造現實，讓我們說的話成真。

換言之，我想各位應該可以理解：各位的命運，不是掌握在別人手上，而是取決於您自己所說的話。

讓潛意識成為盟友，人生就會越來越好

「想太多、想太多了」、「真感恩」、「這次學到了寶貴的經驗，所以下次一定沒問題」……養成說這些正向語言的習慣，潛意識就會不斷地從我們身邊，找來各種能讓你我萬事如意的理由。

換句話說，最終能達成目標的人，認為「自己做得到」的次數，比「做不到」的次數更多；半途而廢的人，則是說「不可能」的次數最多。

從這個角度來看，那些**無往不利的人，其實並非天賦異稟的奇才。他們懂得相信自己，並透過正向語言，讓看不見的潛意識成為自己的盟友，再加以妥善運用。**

潛意識效命於「語言」這個總司令，忠誠地聽命行事。

常用正向語言，潛意識就會帶來實現美好未來所需的具體資訊；常說負向語言，潛意識就會蒐集落實悲慘未來所需的具體方法。因此，先要請各位記住潛意識的這項特色。

潛意識只會對你的話說「YES」

潛意識無法判斷善惡

只要說自己「很倒楣」，就會發生倒楣事

潛意識是你我最忠實的傳令兵

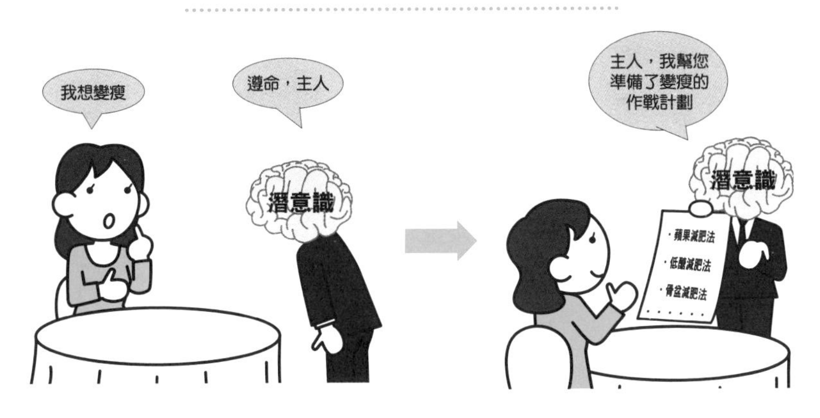

POINT

要懂得善加運用「潛意識」這個看不到的傳令兵

潛意識的特徵②

潛意識無法分辨「自己」和「別人」

◇◇◇◇◇ 說不出正向語言時，不妨專心想想該如何讚美別人

儘管聽過再多次「要用正向語言」的提醒，有時我們難免還是會因為當下的心情或狀況，而出現說不出口的窘境。

碰上這種情況時，就**只要專心想想該如何「讚美別人」就好**。我會這樣說，其實是有原因的。

舉例來說，想必各位一定都說過別人的壞話。

「那個 A 啊，就是這一點最要不得。」

這時，輸入你我潛意識的內容，是「這一點最要不得」，主詞「A」會自動消失。潛意識接收到這句話之後，會主動輸入「要不得」這個關鍵字，開始搜尋各種要不得的事。

這代表了什麼意思呢？

代表我們的潛意識根本沒有「主詞」的認知。

……更準確地說，其實是無法分辨主詞。

這個概念非常重要。我會連同前面提過的那些特色，再介紹一次潛意識。

潛意識無法分辨「你」、「我」、「他」之類的人稱，就像它無法判斷善惡一樣。

就算我們用「你」、「他」、「某某人」等字詞，來宣洩對別人的不滿、抱怨，潛意識仍會選擇忽略指涉對象，只留下那些否定的內容。

◇◇◇◇◇

脫口說出憤怒、不滿、抱怨時……

詆毀別人，其實就等於是在詆毀自己。

從某種層面來說，一旦「詆毀」的使用不當，這個等式就會引發極大的麻煩。

抱怨過後的暢快感，其實只是當下的片刻舒暢。將抱怨當作指令接收之後，潛意識自然就會把一樣的問題聚集到你我身邊，讓我們不禁想再次抱怨相同內容。

也就是說，抱怨對我們毫無助益。

我會請各位盡量別再批評別人、道人長短，原因就在這裡。

這不是為了保護別人，而是為了我們自己好。

然而，我們畢竟都是有七情六慾的人類，有時難免會情不自禁地說出不該說的話。

這時，請各位在自己的心裡說：

「**啊，我不小心說錯話了！剛才這句當我沒說過。**」

把說錯的話一筆勾銷。

請各位務必特別留意，別讓抱怨或中傷等負面言論成為習慣。

當您想針對別人發表負面言論時，別忘了趕快轉移注意力，聚焦在一些能讓自己開心的事情上，並設法把負面言論轉正即可。

只要受過相關訓練，讓言論由負轉正絕非難事。

潛意識不會看主詞，只會抓取重要字詞

潛意識無法辨識主詞

詆毀別人 ＝ 詆毀自己

不慎說出負面言論時，要設法一筆勾銷

POINT

不經意說出抱怨、詆毀時，要設法一筆勾銷

潛意識的特徵③

潛意識會不斷地找尋問題的解答

◇◇◇◇◇ 一直想不起來的人名突然莫名其妙想到

「那個人叫什麼名字來著啊？我記得姓氏發音是『ma』開頭的……」

明明知道卻想不起來的人名，再怎麼絞盡腦汁就是想不到。可是，就在我們已經把整件事忘得一乾二淨之際，竟突如其來地想了起來。想必各位一定也有過這樣的經驗。

換句話說，**「意識」早已放棄思考的事，我們的「潛意識」還會不斷地找尋解答。**

潛意識和顯意識不同，在找到答案之前，決不罷休。

舉例來說，您身邊是否也有常把這些話掛在嘴邊的人呢？

「為什麼我諸事不順？」

「為什麼父母完全不了解我？」

「為什麼大家都不喜歡我？」

這種口頭禪或思考模式，堪稱是自我毀滅式的質疑。

因為潛意識會很單純地不斷思索它們的答案。

這個機制，和谷歌等搜尋引擎很相似。

只要我們用「為什麼辦不到」來搜尋，谷歌就會傾全力查找，挖出「辦不到的理由」。反之，當我們用「該怎麼做才能辦到」來搜尋時，谷歌同樣會全力以赴，找出「辦得到」的方法。

不必操之過急，只要先搜尋，後面放著等結果就好

我們的大腦裡，據說每天會出現六至八萬次的各式字詞。

換句話說，習慣使用負面言論的人，每天都要接受六到八萬次的煎熬、折磨。

那麼，這些老是習慣長吁短嘆的人、怨天尤人成癖的人，該怎麼辦才好呢？

就結論而言，這些人要**改變他們對自己所提出的疑問**。

例如像是**把「為什麼我做什麼都失敗？」的念頭或說詞，改換成「我該怎麼做才會成功？」**

只要這樣做，潛意識的搜尋內容就會改變。

即使現在內心並不認同，只要先試著刻意調整這些質疑用詞，想法就會跟著改變。就整段話所表達的涵義而言，上面這兩個質疑，表達的內容其實是一樣的。然而，對潛意識而言，它們卻是兩個截然不同的問題。

如果我們問的是「我該怎麼做才會成功？」潛意識就會這樣想：

「我能做什麼呢？好的，開始搜尋！」

前面也提過，潛意識在找到答案之前，絕不會善罷甘休，一定會為我們找出「這個我應該也做得到」的辦法。

不過，有時就算搜尋，也不見得能馬上找到答案。碰到這種情況時，懂得不操之過急，才是關鍵。

當我們急著想找出答案時，往往容易出錯。因此，我們**只要先搜尋，後面放著等結果就好**。尤其在創作時，這個方法更是管用。

我的書名，向來都是利用潛意識想出來的。

我會做的，就只有先在搜尋欄輸入「**解決人們煩惱的書，該叫什麼書名？**」再按下 Enter，就完成了。或是輸入「**能讓人們心情釋懷的書，該叫什麼書名？**」再按下 Enter，就完成了。

接著，答案就會在我們洗澡、打瞌睡、放空看電視，甚至是作夢時出現。

這時，我們要刻不容緩地抓住這個靈感，起身把內容記錄在手機裡，再睡回籠覺。

可惜當我們沒有靈感時，再怎麼想都不會有好答案。

不過，潛意識會一直不受控地運作，為我們找出答案。

此時的關鍵，在於「不加以否定」。

而我們只要相信「一定會有好答案」，剩下的就只要交給潛意識去運作即可。

用潛意識搜尋時，重點在於「搜尋方法」。

我們要對自己下的指令是「該怎麼做才能辦到」，而不是「為什麼我辦不到」。

巧妙運用潛意識接收提問時的這個特性，就能幫助我們更趨近理想的自己。

善加運用潛意識裡的搜尋引擎

潛意識會為我們輸入過的問題，不斷地尋找答案

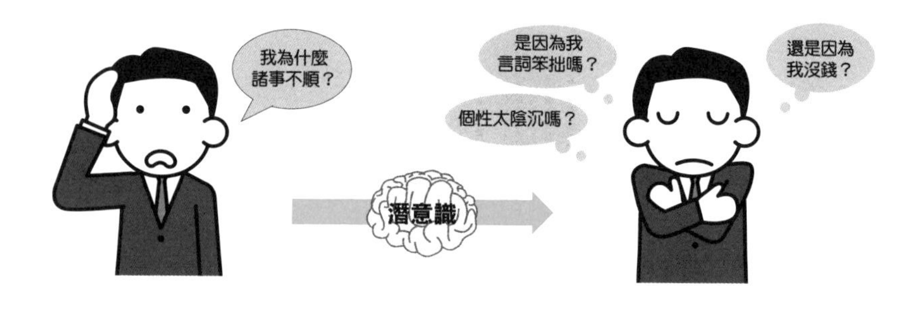

改變對自己問話時的用詞

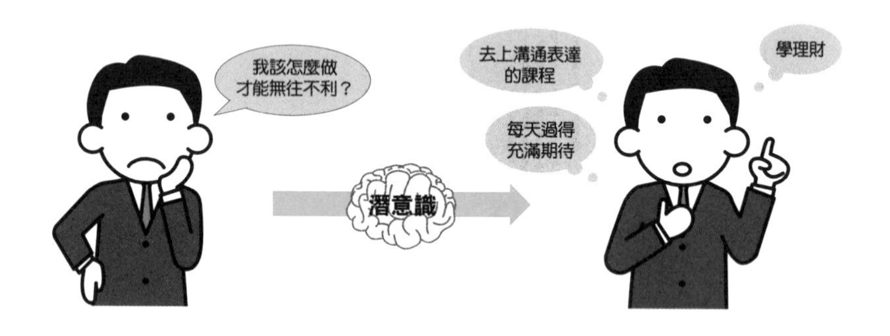

潛意識的特徵④

潛意識無從辨認時間

潛意識會把過去、現在、未來所發生的事，全都誤以為是當下發生的現實

接下來談談潛意識的最後一個特徵。除了「善惡」、「主詞」、「永無止盡的搜尋功能」這三者之外，潛意識還有一項無法辨別的元素。

這項元素就是「時間」。當我們在討論過去、現在或未來時，潛意識都會認為是「當下發生的事實」。

我們有時會在回憶過去、與人分享之際，不禁悲從中來，潸然淚下。因為在潛意識當中，這些回憶並不是過去，而是當下發生的事實。

我們只要回顧過往的失敗記錄，當時的記憶就會甦醒，讓人再次體會同樣的感受。當同樣的情緒體驗一再發生時，潛意識就會認為它是當下發生的事實，進而更加深該段記憶。

當我們開心地談論未來時，也會啟動相同的機制。

哪怕我們說的是根本還沒發生的未來，潛意識都會產生錯覺，認為那是當下發生的事實。

◇◇◇◇◇

十年前寫在筆記本上的事，有九成都已成真！

我在事業經營、教育學院，以及人際社群的開創上，樣樣都把潛意識的功能發揮得淋漓盡致。

當我們長期置身在「沒有否定的空間」，和好朋友們大談未來時，不僅會讓我們覺得自己彷彿已朝未來飛奔，甚至還能讓我們看見實現未來夢想的方法。

究竟該選哪些字詞？該在紙上寫些什麼？又要談哪些內容呢？

從潛意識的觀點來看，我們也會發現：「談未來」對人類的影響力之深，可說是難以衡量。

仔細想想，我覺得人類還真是一種很奇妙的生物。當下所說的話、勾勒的想像，竟能帶領我們飛越時空。

不論是在腦海中重現的過去，或是在大腦裡勾勒的未來，潛意識都會認為它們是當下發生的現實。

而負責為我們營造這種心理狀態的總司令，就是我們自己說出來的話。

下頁有一張筆記本的照片，是我在二〇〇六年時所寫下的未來預測圖。

這本筆記本一直躺在我的書架深處，直到我要將辦公室搬遷到東京，整理物品時，才突然重見天日。

當年寫下這些內容時，我每天都望著它竊笑。曾幾何時，它竟躺進了書架深處。

可能是因為我連自己寫過這張紙的事都忘得一乾二淨，所以我的潛意識才沒有對這份未來預測踩下否定的煞車，還逕自拉著我，往實現未來想像的方向前進。

潛意識會把一切都視為是「現在」這個當下「發生的現實」

只要反覆描述光明愉快的未來，現在就能活在滿心期待之中

我在二OO六年寫下的未來預測圖，有九成都已成真！

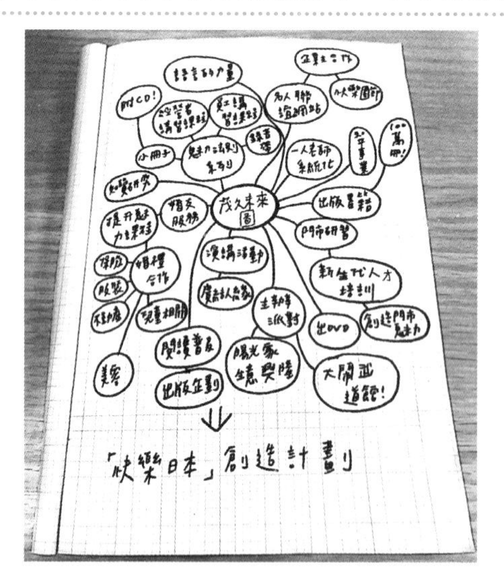

POINT

勾勒一份對自己有利的光明未來，潛意識就會幫我們實現

這就是「吸引力法則」的真相

轉動「語言」這個方向盤，讓現實往好的方向前進

您知道賽車手在快要撞牆時，會如何避免衝撞嗎？答案是要閉上眼睛，或不看眼前那道牆，改望向方向盤該轉去的那個方向。換言之，賽車手隨時都在訓練自己，要能瞬間望向自己該逃去的方向。

同樣的，習慣使用正向語言，能讓我們在負面現象即將發生之際，轉動「語言」這個方向盤，讓現實轉往好的方向發展。

多說好話，就能避免讓事態往負面方向一頭撞去。

與其是在每次出事時才當場想辦法、說好話，當然不如平常就落實訓練、養成習慣，才能更敏捷地應變。先把意念化為語言，植入潛意識裡，後續自然就能找到問題的解方。

只要我們設定目標，並把實現目標的想像化為語言，刻進你我的潛意識裡，它就會主動去抓取達成目標所需的方法。

換言之，當我們由衷地說出「我想要變成這樣」，讓大腦接收這個訊息之後，潛意識就會展開搜尋，進而開始察覺自己周遭充滿各種達成目標的機會。

人的心理狀態，會讓我們總是看到自己想要的東西、感興趣的事物；反過來說，人看到的，就是自己想要的東西。老是滿嘴抱怨牢騷的人，其實潛意識當中就是在找尋那些會讓自己想開口抱怨的事。

反之，會說「我真走運」、總是心情愉悅的人，潛意識就會去找出那些讓自己覺得「我果然很走運」的元素。

很多人往往會把自己的幸與不幸，都歸咎到別人身上。事實上，幸與不幸不是別人的問題，而是你我自己吸引來的。

◇◇◇◇◇

不靠「吸引」，而是「看見」

「吸引力法則」曾盛極一時。它主要是在倡導「心存正念、口說好話，就能吸引善念成真」的一套理論。我認為這個法則的確有它的道理。

不過，若要說得更準確一點，事實上**好運降臨並不是因為「吸引」，而是「看見」**。

我們眼前的這個世界，總在發生許多奇妙的事。

舉例來說，當您很想買某輛車的時候，就會一直在街頭看到同款的車。

當您開始考慮搬家時，就會發現自己經常在看房仲公司的房屋資訊。

從這些現象看來，我想各位已經了解一件事：**當我們心想「這個夢想絕對可以實現」，並化為語言、文字時，自然就能看見實現夢想的方法**。你我關注的焦點，會自動映入眼簾。

這就是「吸引力法則」的真相。

給自己一些正向的、可連結到期盼結果的叩問，大腦就會為我們找尋問題的解答，下意識地匯集那些能幫助我們實現想望的方法，奇妙的是，這竟是大腦原本就具備的功能，每個人都有。

設定目標，並化為語言、文字，自然就能「看見」實現夢想的方法

賽車手避免衝撞的方法

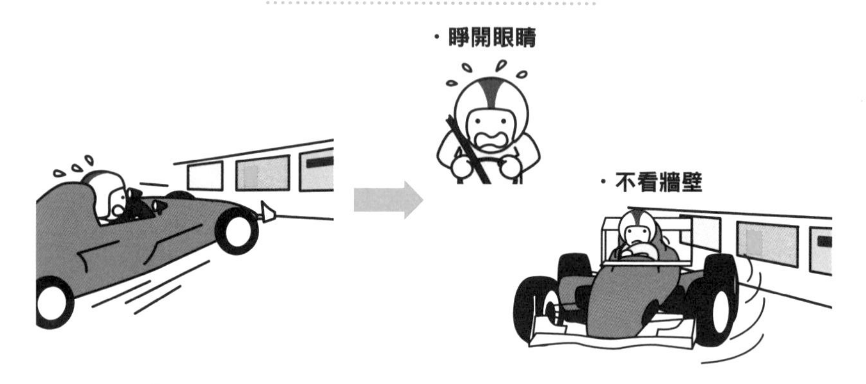

用正向語言，把方向盤轉往好的方向去

「吸引力法則」其實不是「吸引」，而是「看見」

POINT

把夢想或目標化為語言，反覆訴說，就會發生「吸引」現象

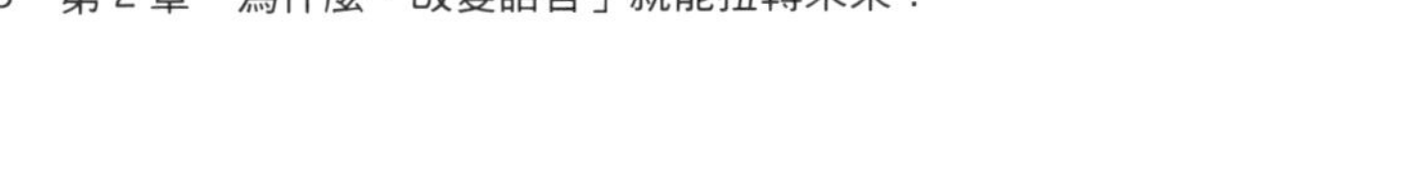

14 說正向語言，在潛意識裡堆積更多好話

大腦裡有個「特殊濾網」，只會吸收自己需要的資訊

大腦裡有個特殊的「濾網」，會挑選出需要的資訊。

先挑選出需要的資訊，其餘的就列為盲點，讓自己看不見它們的存在——這個腦內濾網，我們稱之為**網狀活化系統** (Reticular Activating System)，或只取其英文字首，稱為「**RAS**」。當你我把心中的想像化為語言時，就是在對腦中的 RAS 下達指令。

RAS 是一種篩選功能，用來挑選那些進入大腦裡的資訊；它也是一道濾網，只抓取自己需要的資訊。把理想或目標化為語言或文字，就是在設定「過濾系統」，以便去蕪存菁，留下真正需要的資訊。

如果對所有透過五官進入大腦的資訊照單全收，我們的大腦根本就處理不完。

當大腦火力全開地運作時，所需消耗的能量，據說足以讓人瞬間餓死。

所以，大腦會運用上述這種 RAS 功能，區分自己需要和不需要的資訊。

因為有了**RAS**，所以我們只看得見自己認為需要的事物。

也就是說，現在我們所看到的、聽到的，都是自己想要的資訊。

大腦判斷資訊重要與否的關鍵，都是根據你我平常的思維想法、語言文字，所篩選出來的。

因此，如果我們的思維或說話習慣和以往相同，我們當然就只能接收到和以往相同的資訊。

換言之，你我接收的資訊，都只是為了讓今天過得和昨天一樣、明天過得和今天一樣，也就是為了維持現狀。這將導致我們接收不到有助於個人成長或目標達成的方法。

因為即使達成目標所需的資訊就在眼前，大腦也不會將它判定為「需要的資訊」，以至於我們無從得知這些方法。

只要更換腦內濾網，未來就會改變

我想「RAS」在日常生活中是個比較不易使用的詞彙，因此接下來，我就把大腦的這個功能稱為「**腦內濾網**」。

想必各位已經明白一件事：想揮別昔日的自己，打造積極向前的全新未來，關鍵就在於更換腦內濾網。

所謂的更換濾網，就是要讓自己所勾勒的理想更真實、更鮮明。

而最重要的，就是要把自己的想像化為語言、文字，以便完成腦內濾網的設定。

別因為看到現在的自己，而認定「反正我就是這樣了」。要透過更新自己的目標，讓大腦調整判斷標準，以便從每天充斥在你我周遭的資訊當中，將自己需要的部分自然地裝進大腦裡。

當你我開口說出「不可能」之類的字句，為自己做不到而找藉口、怨天尤人，大腦就會感應到這些字句的出現，讓腦內濾網專注於找尋我們厭惡的事。

前面我也提過，潛意識無法判斷善惡，因此它會無條件地開始搜尋令人厭惡的事。於是那些能提升自我的契機，就被腦內濾網判定為「不需要」的資訊，而予以忽略。

語言會讓思維更堅定。

例如我們在出錯時，只要脫口說出「糟糕！我把事情搞砸了！」就會讓我們想起更多出錯時的情景。

再三重複這樣的行為，潛意識裡就會堆積更多不愉快的記憶。只要不斷地說、寫負向語言，問題就會越演越烈。

反之，只要你我平時就能調整自己使用的語言，就能在潛意識裡不斷累積美好、愉快的記憶。

潛意識當中較容易化為顯意識的，是那些接近潛意識上層的表面部分。這些潛意識會因為一些突如其來的契機，而跳到顯意識。

各位可以想像在接近海面處游泳的魚，在海面上躍動的英姿，或許就會比較容易理解這個概念。

至於那些不愉快的記憶，就讓它們像深海魚一樣，沉進潛意識的深處就好。

多用正向語言，在潛意識裡不斷地堆積美好記憶之後，以往存在潛意識裡的那些負面記憶，就算不至於消失，至少也會逐漸地被擠壓到下層去。

「腦內濾網」會把焦點鎖定在你我說過、寫過的字句

多說好話，以便在潛意識中堆積更多美好記憶

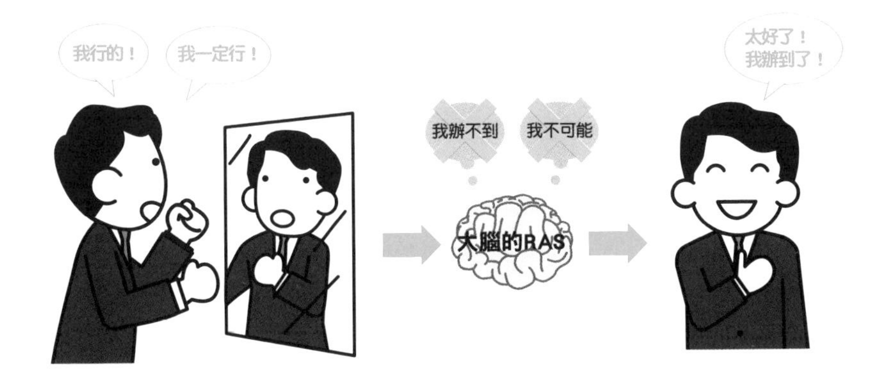

POINT

盡量多用正向語言，負面記憶就會被趕到潛意識之下

養成說正向語言的習慣，就能控制腦內濾網

為什麼那個人不聽你說話？

面對那些剛被女朋友拋棄、受傷甚深的人，即使我們再怎麼拚命地說「你就忘了她吧！」這些人都聽不進去。

對那些專心打著電動玩具的孩子，再怎麼拚命大談功課的重要性，也只不過是馬耳東風。

因為他們**想要的不是這些**。

畢竟對這些人而言，我們所說的話，並沒有被判定為「重要」。

被女朋友拋棄的男孩只想哭；而打電動玩具的孩子只想繼續玩下去。

不管這樣的念頭是好是壞，在上述這些人腦中所發生的現實，的確就是如此。

會有這些現象，也是由於腦內濾網的運作。

同樣的，假設我們讀了一本勵志書，或參加了一場心靈勵志講座，熱血澎湃的情緒達到最高潮之際，您聽到身旁的人說了「辦不到」、「不可能」之類的話。

此時，即使您再怎麼激動地說：

「為什麼動不動就說『辦不到』？就是因為你老是這樣說，所以才會辦不到！」

對方仍會充耳不聞，因為這些話都不是他們想要的。

這些人會說「辦不到」，其實並沒有惡意。

而這些話並不是他們想要的，所以便穿過了他們的腦內濾網。

假如您對高爾夫球完全不感興趣，那麼就算別人對你大談高爾夫球經，您的大腦也會把它們忘得一乾二淨。兩者是同樣的道理。

◇◇◇◇◇

化為語言的意念，會比不成語言的意念更強大

在潛意識真心追求成功的瞬間，或在必要的時刻，「失敗理由」就會卡在腦內濾網上，而原本過濾掉「成功理由」的腦內濾網，就會自動開放。

換言之，我們就可以看得見「成功理由」。

我想各位應該已可明白這個道理：化為語言的意念，會比不成語言的意念更強大。

把我們的所思所想寫下來、告訴別人，或對自己喊話，都能提升這些意念在大腦裡的重要性。

因此，把意念化為語言，就是在把這些念頭變成自己的大事。

總而言之，打從心底期盼自己成功，並化為語言、文字；或內心深處認為「不，我才不想成功」而悶不作聲，將會帶我們看到兩種截然不同的人生風貌。

就算看到了同樣的風貌，也會因為每個人腦內濾網安裝的位置不同，發現當然也就各不相同。

所以，即使處在同樣的情況下，也並非所有人都能看到同樣的光景。

而能逆轉這個缺點的，就是語言的力量。

縱然需要經過一些訓練才能學會說正向語言，但只要養成這個習慣，就能輕鬆地運用自如。

養成說正向語言的習慣，是控制腦內濾網的唯一途徑。

在這些情況下，語言無法成真

當語言穿過腦內濾網時，就無法成真

不是大腦現在想要的字句，就會穿過濾網

POINT

用正向語言來控制自己的腦內濾網

用「語言的力量」找回了弄丟的錢包！

◇◇◇◇◇ 呈現鮮明對比的兩位企業家

有一天，我親身經歷了以下這件事。

我在某個有著無敵海景的地方，為兩位學員進行教練輔導。兩位學員一男一女，都是精明幹練的企業家。不過，每當我進行腦內濾網方面的教練服務時，男企業家對於我所講述的「開口說『我辦得到』，就一定能在腦內濾網的運作下，找出『辦得到的方法』」等論調，總是無法純然相信。

相對的，女企業家並不堅持大腦要先完全理解才行動。她虛心接受了我的論調，並逐一身體力行。

輔導課程結束之後，我開車送兩位學員回家。途中，男企業家發現自己把錢包弄丟了。我隨即掉頭回到剛才談話的地方，但結果卻很令人遺憾，我們沒找到錢包。

「應該是被別人拿回家去了吧……」他顯得很沮喪。

然而，女企業家卻鼓勵他，說：「一定可以找回來的，不要放棄，我們再找找看吧！」過了半晌，她跑來找我，說了這句話：

「老師，只要我們開口說『找得到』，大腦就一定會做出反應，帶領我們想出找到錢包的辦法，對吧？」

「嗯，的確是這樣沒錯。」

「那就讓我來證明這一點。」

她竟馬上就把我當時教過的「語言的力量」付諸實踐。

我看著這兩位呈現鮮明對比的企業家，心想「機會來了！」便找上那位頹喪不已的男企業家，開口問他：

「你相信自己的錢包不見了，對吧？」

「是呀！畢竟東西真的是不見了。」

「她可是相信錢包一定找得回來喔。如果錢包最後真的找到，那你是不是就會相信我剛才說的『只要開口說自己辦得到，就一定做得到』？」

「我會相信，不過我覺得應該是找不到了。」

「我和她都深信一定找得回來，還在努力地找喔！」

◇◇◇◇◇ 運用「一定找得到」的信念神力

我的內心當然還是有些忐忑，畢竟這對我來說也是一場賭注。

不過，我相信「不懷疑就能實現」的道理，想著「一定能把錢包找回來」，讓自己的念頭專注在「找得到」上面。

然而事與願違，我們沒找回他的錢包。

他開口說：「老師，算了，我們放棄吧！」

可是，這時候選擇放棄，就會在他心裡再次輸入「果然還是辦不到」的念頭。

我和女企業家一直拚命地想著「該怎麼做才能找回錢包？」

後來，她想到了一個極其簡單的方法。

她拿出電話，當場報警。沒想到，位在約莫二十公里外的警局，順利地幫我們找到了錢包——原來是有好心人撿到，送到警局去了。

男企業家的錢包裡，裝著二十萬日圓的鉅款。找回來的時候，錢竟然一塊錢都沒少。

我最欣慰的，莫過於能證明我們相信「一定找得到」所帶來的力量，讓我鬆一口氣。

她則是神采飛揚地說：

「相信我們一定可以找回錢包，並且開口說出來之後，真的讓我們想到了找回錢包的辦法。老師，真是太感謝您了。」

或許各位心裡會認為：「掉了東西去報警，這不是想當然耳的反應嗎？」

然而，**這位搞丟一筆鉅款的男企業家，當下滿腦子只想著「完了」，就連報警這麼簡單的小動作都沒有想到**。

要是當時她沒有堅持相信「錢包找得回來」，我想我們就不會打電話聯絡那個位在二十公里外的警局。

更何況事發地點附近共有八個警局，而找到錢包的那個警局，還是八個警局當中，距離最遠的。要是我們覺得「找不回來」，就不會想到「找得回來」的理由了。

越是這種時候，越要用「我一定辦得到」等說詞，把自己的潛意識引導到「找得到」的方向去，再運用信念的力量，找出「做得到」的辦法。

這段由學員親自證明「語言的力量確實存在」的插曲，令我備感印象深刻。

弄丟的錢包，就這樣找回來了！

POINT

善加運用「辦得到！」這句話和信念的力量，一定能想出解決辦法

無往不利者和諸事不順者，差別就在這句話

◇◇◇◇◇ 日本最具代表性的企業家對我的教誨

我因為從事出版、演講和教練服務等工作，拜會了許多社會上所謂的名人或成功人士。這些人士有一個共通點，就是他們都會向自己說某句話。

如今，我已大致能向各位說明「那句話」和大腦之間的關係。不過，當初傳授這番「語言的力量」理論給我的，是日本最具代表性的企業家。

這位企業家為了拯救許多深受企業經營管理（之難）所苦的青年，或對人生充滿迷惘的人士，寫了許多勵志書籍，甚至還創造了多本暢銷書。

距今十三年前（約二〇〇五年），在某位友人的邀約下，我首度參加這位企業家在大分縣所舉辦的一場演講。因為我在這場活動中的不情之請，師父後來親自蒞臨我經營的餐館。

因為這段緣分，我得以接受師父每月一次的一對一教練輔導。這可說是幸運之神對我的無比眷顧。我想各位應該都已經知道，本書在一開始，曾提到傳授魔法力量給年輕人的智者，那位智者就是我的師父。

師父非常和藹可親，對於語言的重要性，更是不厭其煩地再三強調。有一天，師父對我說了這番話：

「茂久，你覺得找到了一件自己想做的事，對吧？」

「是的。」

「這時候，你要先開口對自己說一句話，一句魔法語言。無往不利的人，其實只不過是因為他們確實做好了這個動作；至於那些諸事不順的人，則正好相反。」

「是什麼話呢？請師父指點！」

「**這句話就是『我辦得到』**。」

「啊？」

「我說這句話就是『我辦得到』。」

「只要說『我辦得到』，就真的能無往不利嗎？」

「沒錯，這樣就能無往不利。」

「真的嗎？有這麼簡單嗎？」

「是真的。就算言不由衷也無妨，總之先開口說就是了。只要這樣開口說，到頭來我們就會真的認定事實如此。所以當我們要做一件事的時候，在開始行動之前，一定要先開口說說這句話，說著說著就會養成習慣了。」

◇◇◇◇◇

持續用「我辦得到」對自己喊話，最後真的辦到了！

從這一天起，我在挑戰任何事之前，都會對自己說這句話，就像一句咒語似的。結果，**還竟然真的讓我找到了「做得到」的理由，以及「辦得到」所需要的根據**，簡直堪稱神奇。

後來，我為了建構教練理論而學習腦科學，才開始了解箇中原因。師父教我的，並不是精神論或其他旁門左道，而是一套已經過科學實證的方法。

當我們開口說出「我辦得到」時，腦內濾網即已完成設定，潛意識會自動開始找尋它深信不疑的事物。

師父為了讓這個觀念深植我的心中，才會教我把「辦得到」說出口。因為師父的這番教誨，我開始對語言的力量產生了濃厚的興趣，進而深入研究、驗證。

用「我辦得到！」來對自己下暗示

日本最具代表性的企業家，給了這樣的教誨

說出「我辦得到！」潛意識就會開始找尋「辦得到」所需要的根據

POINT

好的成見，要用好話來創造

專欄

寫下「未來的劇本」，潛意識和腦內濾網就會幫我們照劇本演完

心生「想得未免太美好了吧？」的懷疑才最恰到好處

要得到扣人心弦的人生，就要把自己的想像全寫在紙上，再用文字把這些想像串成故事。這是一個非常有效的方法。

其實不只是要自顧自的寫，最好能找別人一起編寫愉快的人生故事。不過，剛開始自己一個人寫也無妨。

預先寫下期盼的未來故事，我們就能在腦中勾勒出具體的想像。而神奇的是，現實竟真的會依我們編寫的故事劇情發展。

請各位務必試著寫下自己的未來故事。內容當然可以忠於自己的理想，寫出真心話——畢竟這些文字，並不是為了交給任何人過目，而是各位為了自己，所寫下的故事。

「想得未免太美好了吧？」

未來故事要寫得讓自己有這樣的感受，才最恰到好處。請各位不必客氣，儘管試著動筆寫寫看。

在此，我提供自家學院某位年輕學員所寫的「未來的劇本」，作為各位的參考範例。

「未來的劇本」
二〇一七年六月五日撰寫

我人生的夢想，始於一間小屋。

我曾向師父、夥伴們發誓，要成為「日本最知名的幼兒體育指導員」，這就是我的夢想。

一間位於東京豐洲地區的小屋，原本只是個分租店面，如今已有來自日本全國各地的小朋友和家長，都在這裡上課。

這個地方的名稱，叫作「激發孩子最多可能的體育教室 kids for you 俱樂部」。

截至目前為止，俱樂部已有超過三百位會員加入。

來自日本全國各地的許許多多小朋友，都在這裡上課。曾幾何時，我的課程已發展成一個日本全國各地都有人慕名而來的體育教室，人稱「一本櫻兒童俱樂部」。

前幾天，我和夥伴們也實現了長久以來的夢想——在日本武道館召開未來會議，活動相當成功。當年那個從小屋起步的體育教室，在辦完開幕紀念酒會三年後的今天，我已成功開設了一家自己的獨棟教室。

這份「未來的劇本」還有後續，不過由於篇幅有限，請容我省略部分內容。但不論如何，因為有了這份劇本，我和學院裡的其他夥伴們，更明白他想要的未來樣貌，也更清楚該如何與他往來。

這份劇本的重點，不在於它會不會實現（雖然它一定會實現），而是**只要能將想像勾勒得如此真實，當事人的腦內濾網和潛意識，就會使出渾身解數來完成它**。

這位學員才二十五歲。年紀輕輕就能對未來有如此明確的想像，令人對他將來的發展充滿了期待。請各位參考這個範例，同樣滿心歡喜地編寫「未來的劇本」。

各位會編寫出什麼樣的未來劇本呢？

第3章

如何讓自己養成使用正向語言的習慣

在本章當中，我要更具體地介紹一些能改變各位說話習慣的訓練方法。

①改變聽、說、寫的語言環境

你我一再重複的字句，塑造了我們的思維模式。

首先，各位可以設法多接觸充滿正向語言的環境，就能讓這些語言加速進入意識。

反覆開口訴說或聆聽正向語言，將它們堆積在潛意識之上，並化為習慣。

②利用視覺

潛意識有一個特徵，那就是它在你我放鬆時，特別容易啟動運作。舉凡剛起床、入睡前或放空時等，都可算是所謂的放鬆時刻。

若您對未來已有想追求實現的具體想法，在撰寫未來的故事時，不一定只用文字，還可加上照片。文字搭配視覺呈現，就能讓夢想寫入潛意識的效果更好。

接下來，就讓我來為各位說明如何養成「使用正向語言」習慣的具體做法。

無法讚美自己的人，不妨先試著讚美他人

「讚美他人」一舉三得

雖說我們建議各位要「說好話來讚美自己」，但很多人做不到這件事，也是不爭的事實。不習慣讚美自己的人，的確會感到尷尬或油然而生自我否定的情緒。

遇到這種情況時，還有另一個方便好用的方法，對潛意識的刺激效果是一樣的。

那就是讚美他人。

前面我們一直在談潛意識，本章將更深入探討，期能讓各位更了解潛意識的特質。

當各位對別人說「〇〇兄還真是丰采迷人」的時候，潛意識無法辨識「〇〇兄」，便逕自把「丰采迷人」寫進大腦裡。如此一來，這句話就會開始朝著「丰采迷人的自己」發展。

而這樣做的效益，會比單純讚美自己時更好。

多出來的效益，就在於「讚美會讓聽的人也樂開懷」。

懂得讚美自己是很棒的事。同樣的，當我們讚美別人時，對方聽了也開心，看到對方樂開懷的笑臉，我們也會備感幸福。

況且，讚美別人還能得到一項獎品，那就是「讓好話進入自己的潛意識」。一聲讚美，得到的可不是「三大利空」，而是「三大利多」。

就算是再怎麼抗拒讚美自己的人，若改成讚美別人，內心的抗拒應可降低不少。沒人會討厭得到讚美。既然「讚美他人」對自己有利，對方聽了也開心，豈不是一舉兩得嗎？

讚美別人時，正是各位提升自我形象的絕佳良機。

只要善加運用潛意識「不會分辨主詞」的特性，讚美別人其實就等於是在讚美自己。所以才會有人說：「住院時熱心照顧同房病友的人，比較容易痊癒。」

◇◇◇◇◇

為人振奮精神，自己也會變得充滿活力

大約有將近十年左右的時間，我會為來訪的人進行免費的個人教練輔導，一方面也是為了讓我有更多學習的機會。

若以人次來計算，包括為來聽演講的聽眾提供後續追蹤在內，總數應不下一萬人。出差時總難免有些人情世故、身不由己的狀況，但我早已下定決心：只要是願意來和我見面的人，不論身體再怎麼不適，我都會強打起精神，見面晤談。這個原則，我一路落實執行至今。

沒想到在這段過程中，竟發生過好幾次神奇的遭遇。**例如在為他人輔導後，身體狀況突然好轉，或突然退燒**。**雖然不是每次都如此，但我覺得發生機率相當高**。

為了讓別人能振奮精神，我盡可能地使用正向語言，使出渾身解數進行教練服務之後，不知是因為身體分泌出正向的激素，還是受到莫名的操控，總之我就是找回了活力。

當我們精神萎靡不振時，坐等狀況好轉，固然也是一種方法，不過，反其道而行，盡可能地為別人振奮精神，也不失為一個好方法。

這個方法，就是請各位從「讚美他人」的角度切入，而不是「讚美自己」。

當我們煩惱憂愁時，只要眼前出現一個更愁煩困頓的人，我們就會發現自己在不知不覺中已經開始鼓勵他，告訴對方「沒事的」。

所以從潛意識的角度來看，透過稱讚別人來為自己振奮精神，確實也是一個有效的方法。

我要再次強調：潛意識無法辨識主詞。

「你好棒！」

「你真行！」

只要我們開口說出這些話，話中的「你」就會自動消失，留下「好棒！」「真行！」存在我們心裡。

只要我們為別人振奮精神，那些鼓勵的話語就會回到自己身上，讓我們自己也充滿活力。

所以稱讚別人，其實就是在稱讚自己。

若您自己一個人很難感受到幸福，那麼先讓別人開心，也是帶領您走向幸福的一條途徑。

讚美別人，大腦就會以為自己獲得稱讚，因而心情大好

教練輔導完後，身體竟神奇地自動好轉

POINT

鼓勵別人，就等於是在鼓勵自己

勤做筆記，翻轉說話習慣

◇◇◇◇◇

化為文字，就能更深入潛意識

除了要改變說話習慣之外，還有另一個值得養成的好習慣。

那就是身邊隨時都要放一本筆記本。

做筆記的效果非常好。

用自己熟悉的語言寫的筆記，不僅能改變你我的潛意識，還能成為你我的一大資產。

不過，我想或許有些人會認為：忙的時候還要找筆記本，未免也太麻煩了吧？

這時，我們可以使用一個很方便的利器。

這個利器，想必各位一定是隨身攜帶——沒錯，就是我們的智慧型手機。

我以絕大部分讀者都使用智慧型手機為前提，來談以下這一段內容。

近來，市面上所銷售的智慧型手機，的確有很多方便好用的功能。

其中，我敢打包票特別向各位推薦的好用功能，就是「記事本」。

我們可以在這個記事本當中，新增幾個項目。例如「感恩的事」、「今天發生的好事」、「改變心態的事」、「學到的事」、「金玉良言」等。

建議各位不妨培養「用手機盡量做筆記」的習慣。

我也很重視這個習慣。

時間拉得越長，我們越會發現「只是動腦想想」和「做筆記」間的落差，簡直是天差地遠。把想法化為文字之後，這些想法寫入潛意識的力道強弱，就會呈現顯著不同。

不僅如此，他日再翻開筆記本時，我們又能再次回想筆記本上所寫的那些發現。再者，智慧型手機的記事本功能，可將內容轉寄到電子郵件信箱。有些機型或許沒有這個功能，但它好用的程度，值得各位為它買一臺新手機。

◇◇◇◇◇

養成筆記習慣就能看到不同的世界

養成做筆記的習慣，能讓我們的感受天線，在不知不覺間出現變化。

換言之，**一旦我們決定要做筆記，腦內濾網便開始啟動，我們的大腦自然就會去找**

尋那些「感恩的事」或「開心的事」。

我在公司裡，也用「感恩日報」的形式，導入了這一套做法。看著員工們的成長，我明白了一個道理：對員工們而言，就是因為「寫下來」這件事，變成了公司交辦的一項課題，他們才開始用心找尋值得感謝的事。

後來，他們在日常生活中逐漸養成了說「謝謝」的習慣——因為他們的腦內濾網，已對著那些值得「道謝」的現象啟動捕捉。

我個人也因為養成了做筆記的習慣，才能有源源不絕的寫作題材。

我隨時都在做筆記，記下別人說的話，記自己的發現，以及值得感謝的事。筆記下來的內容，我會用電子郵件轉寄到電腦上，然後就只要再將它們分項寫成文章即可。平時隨手筆記的項目，都成了我書中的標題。作為一個文字工作者，我已很難捨棄這種做筆記的習慣。

書寫會翻轉我們的說話習慣。建議各位，不妨現在就開始試著培養做筆記的習慣。

培養做筆記的習慣

充分運用智慧型手機的記事本功能

做筆記能啟動腦內濾網，找尋美好或幸福的事

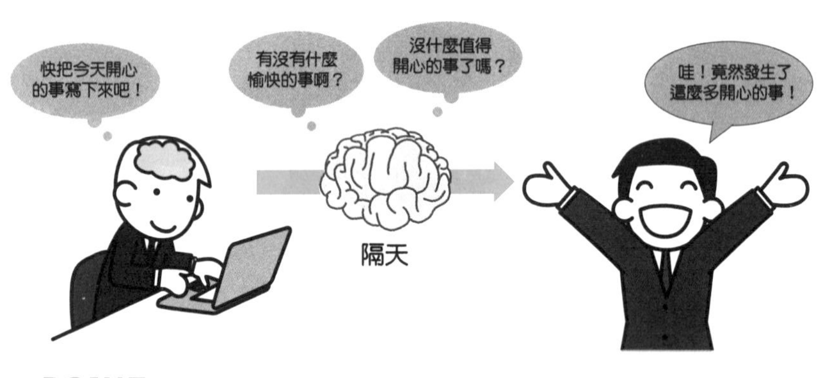

POINT

把愉快的事記錄下來，就能招來更多愉快的事

廁所、浴室、床上……養成隨處做筆記習慣

◇◇◇◇◇ 金玉良言隨時都可能出現，看到的當下就做筆記

讀了好書、聽了好故事，或想到好點子時，要養成隨時做筆記、抄重點的習慣。這個習慣，將來必定會成為各位的重要資產。

不過，這裡有一個很重要的關鍵，請各位務必牢記：**聽到金玉良言一定要當下做筆記，而不是等上好幾個小時才記錄**。

此外，我們走在路上時也會看到好話，等電車時也會看到發人深省的招牌等等。這時，我們只要拿出手機拍照，後續就可再另找時間做筆記。

使用手機上的記事本功能，重點在於它能「隨時放在手邊」。因此，我建議各位隨身攜帶手機。

至於「隨時放在手邊」要做到什麼程度，除了平常放在包包裡隨身攜帶之外，廁所、洗澡時的浴室，以及就寢時的床邊，都包括在內。

或許有人會覺得：「什麼？要做到這種程度？」但我現在所提到的三個地點，重要性特別高。

所謂的「結緣」，形態非常多元，包括與人結緣、與書結緣、與機會結緣等等。而「與話結緣」，也能翻轉我們的人生。

這裡所謂的「話」，除了是指那些從別人口中說出來的話之外，更是指我們自己不經意說出口的話，或是靈光乍現的好點子等。例如「我剛才說得真有道理」、「啊！我想到一個好點子了！」之類的發現，也都會是你我的寶藏。

◇◇◇◇◇◇◇◇◇◇

對金玉良言、靈光一閃，要貪婪到令人覺得「連這都不放過？」的地步

我們的大腦其實非常叛逆。

即使我們內心深受感動，只要不化為語言記錄下來，這份感動很快地就會潛入潛意識的遙遠彼端。

若要比喻的話，這些感動就像是打地鼠遊戲裡的地鼠，或從海裡躍出水面的魚兒，

一旦我們放空閃神，就會錯過它們的蹤影。

想在它們稍微冒出頭時，迅雷不及掩耳地抓住這些感動，就必須隨時做好「捕捉」的心理準備。

因此，我們才要養成「隨時把手機放在手邊」的習慣。

建議各位養成「不論身在何處，都會隨時做筆記」的習慣，哪怕只是記錄要點也好。

尤其建議各類表演工作者培養筆記習慣，包括透過部落格傳播資訊者，或像演講者這種以在大眾面前發表談話為業的人等等。

許多和我共事的優秀編輯，也都在有效地運用筆記的功能。

與金玉良言結緣，能豐富你我的人生。

請各位貪婪地與金玉良言結緣。

讓我們一起來培養瞬間抓住金玉良言、靈光一閃的習慣。

與話結緣，能翻轉我們的人生

金玉良言、靈光一閃，都要在當下做筆記

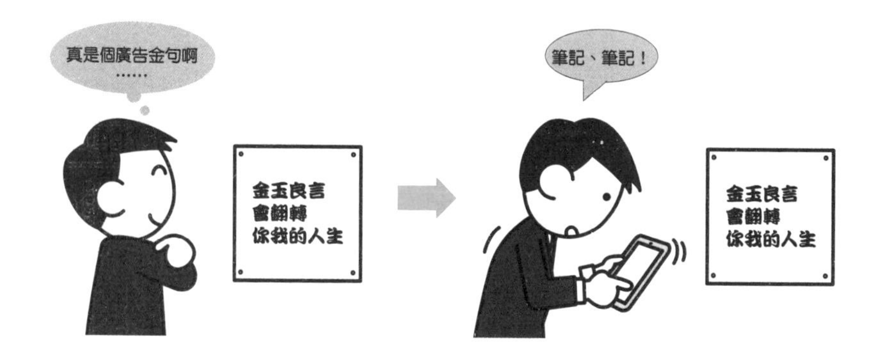

廁所、浴室、床上，這三個地方尤其重要

POINT

要貪婪地尋求金玉良言、廣結善緣

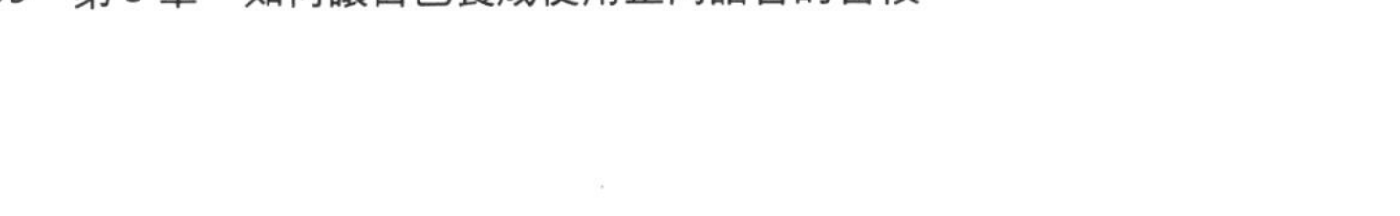

下定決心，只發能讓自己和讀者振奮精神的文章

在社群網站發的文章，決定我們的評價

網際網路問世之後，全盤顛覆了我們的生活。

如今這個社會上，就連以往無緣出現在鎂光燈前的一般民眾，也有許多人因為某天在社群網站上發表了一篇貼文，而突然湧入可觀的流量。

也有許多人因為這樣的曝光，而獲得了出版作品的機會。

各位會利用這些社群工具，傳播什麼資訊呢？

這個傳播資訊的方法，在各位改寫自己的潛意識之際，也是一個舉足輕重的要角。

很多人都把部落格或臉書當作日記來用。

社群網路的出現，也讓日記出現了很大的轉變。

以往的日記是私人記錄，現在的日記卻變成開放制（雖然也有一些不開放的方法）。

就算是當作日記而寫成的文章，在發到社群網站上的那一刻起，就會受到群眾的檢視。從這個角度來思考的話，在社群網站發文和出版，其實並沒有太大的差異。

我建議各位在社群網站上，也要有意識地使用正向語言、正面言論。老是寫那些抱怨或批評的文字，恐將讓讀的人心情鬱悶，或甚至失去信用。如此一來，身旁的人就會漸漸離我們遠去，而這些貼文最後也將成為傷害我們自己的利刃。

人是唯一一種靠語言溝通的生物。

旁人大多是透過我們發表的言論，來判斷我們的思維、想法。

每個人都會吸引具有相同或相似思維的人。

積極樂觀的人，會聚集在積極樂觀的人身旁；動不動就滿嘴怨言的人，就會和滿嘴怨言的人自成一群。

若想招來更多善緣，建議各位不妨多留意自己所說的話。

換言之，把那些能幫助我們成長的傑出人士社群，說成是「一群說好話的人」也不為過。

◇◇◇◇◇ 寫正向文章的人，身邊聚集的都是運勢亨通的人

運勢亨通的人，只會和運勢亨通的人往來。

這些人在一起，不會談負面言論，因此能為彼此製造美好的認知，進而實現自己的夢想。

所以，當我們發表貼文時，不妨試著在文章中加入一點有益的資訊，就能大幅拉抬這篇貼文的價值，個人的傳播力道也能更具威力。

因此，最好的方法，就是及早讓「**要寫出使讀者和自己都能振奮精神的文章**」成為我們心中的規範。

當我們先定下這項規範，再將想法化為語言、文字時，腦內濾網就會開始搜尋正向的事。既然展現自我的場域變得如此唾手可得，不妨就讓它成為一個自己能獲得成長，別人也能樂在其中的園地吧！

在社群網站上貼文時，也要提醒自己使用正向言論

在社群網站上，提醒自己要吸引「說好話的人」聚集

寫出讓自己和讀的人
都能振奮精神的文章

POINT

提醒自己至少要寫出一項對讀者有益的資訊

因為看了別人的社群網站而心生羨慕時，不妨取消追蹤

在我們不知道的地方所發生的事，其實就等於沒發生

現在，我們活在人類史上資訊量最龐大的汪洋裡。

資訊的發達的確帶給我們不少益處；反之，我們的迷惘變得更多也是不爭的事實。尤其是網際網路的發達，更讓資訊量達到了天文數字。

很顯然的，要從這些多如繁星的資訊當中，找出真正對自己有利的資訊或語言，仰賴的是判斷力，而這份判斷力，是我們在培養使用正向語言的習慣時，不可或缺的工具。

網路的發達，給了個人發言的機會。每天，我們的生活周遭，充斥著別人的個人意見、生活狀態和思維。

一旦看過這些資訊，不論是誰，大腦都會受到那些語言、文字的影響。

例如當我們處於低潮，卻看到別人開心過活的模樣，有時就會陷入無謂的自我否

定，認為「和這個人相比，我簡直是差勁透了」。

人類有一股好奇心，總是想看看那些恐怖的事物，是一種很麻煩的生物。

在我提供教練服務的客戶當中，不少人都有個壞習慣——會刻意去看別人做的事，藉以喚醒自己的自卑感。

此時，我總會建議他們：「要不要取消追蹤那個人？既然看了之後那麼痛苦，何不試著自行打造一個拒看的環境？」

很多人乍聽之下，都會百般猶豫，心想「這樣做好嗎？」但實際做了之後就會發現，這個舉動還真是神奇——原本因為受到別人的資訊牽引，而縈繞心間的那股煩悶，竟轉眼就消失無蹤。

這樣說或許顯得有些魯莽，但那些在我們不知道的地方所發生的事，對我們而言，其實就等於沒發生。

◇◇◇◇◇

我們的人生不是為了任何人而活

當今社會，人人都在意「是不是有人在某處做什麼」。

這樣說或許是嚴厲了一點，但在這樣的風潮下，能好好保護我們心靈的，不是別人，就是我們自己。

當我們客觀地審視現況之後，應該就會發現真正能提供必要資訊給我們的人，其實並不是那麼多。

對我們而言，最重要的，是我們自己的心理狀態。

當我們太過在意別人的資訊時，心中便會掀起許多波瀾，當然也就會讓心理落入負面狀態。

而這些負面的想法，會透過負面的語言，招來更多負面現象——從你我眼裡接收到的資訊，對人生就是會造成如此巨大的影響。

我們的人生，並不是為了在意別人的人生而存在的。

我們的人生，是為了讓自己活得更幸福而存在的。

在心情愉悅的好夥伴圍繞下，聽著讓心情愉悅的話，進而活在令人愉悅的資訊當中。

所以，我們要好好整理各類資訊，活出愉快的人生！

會讓自己心情沮喪的社群網站，不看也罷！

既然看了別人的社群網站就會心情沮喪，那就取消追蹤吧！

**在我們不知道的地方所發生的事，
其實就等於沒發生，不必勉強自己收看**

POINT

**在心情愉悅的好夥伴圍繞下，聽著讓心情愉悅的話，
進而活在令人愉悅的資訊當中**

反覆聆聽成功者的聲音

◇◇◇◇◇

在許多學習法當中，這個方法最有效

我從十多年前起，開始學習語言與人的關係。為了改變自己所處的語言環境和潛在意識，我鑽研過各種不同的實作方法。

當中固然歷經了許多失敗，不過，在反覆嘗試的過程中，我發現了一個極有效的好方法，請容我在此稍做介紹。

這個方法就是「反覆聆聽成功者的聲音」。

要養成說好話的習慣，有很多方法。

我自己就曾試過參加講座課程、拜訪成功人士和閱讀，但驀然回首，才發現它或許是最能有效學會說好話的方法。可見「聽聲音」這件事，具有足以扭轉你我潛意識的強大威力。

幸運的是，我因為工作的關係，在二十多歲時，曾有很多機會聽到日本各界成功人士的談話。

前面也曾提過，我在三十歲時，結識了那位日本最具代表性的大企業家，從此翻轉了我的人生。

因為這樣的緣分，我得以幸運地接受師父親自一對一的指導。而我每次上課，一定都會帶著錄音筆。

如今智慧型手機已很發達，錄音變得更為方便簡單。即使如此，我還是會在包包裡帶著錄音筆。

當年師父用一席話，教我懂得語言的重要性。而那一席話不管怎麼切割，都不會出現任何負向語言或負面言論，簡直令人嘆為觀止。

只用正向語言，就能風靡萬千群眾的人，在全日本恐怕找不到幾個。

現在，我也站在為人傳道解惑的一方，更能感受到師父的偉大。

當年因為有幸接受師父的個別指導，得以親炙大師許多教誨。後來在我發展事業的過程中，我也一再重聽師父當時的談話，並實行履踐。

沒想到，神奇的事情發生了——曾幾何時，我竟開始下意識地脫口說出師父教我的那些事。

現在我能在此著書立說，都是因為當年一再重聽師父教誨，並養成習慣的緣故。

時至今日，市面上已有販售許多優秀老師的演講影音檔，資訊取得更便利。

請各位不妨試著購買一些適合自己的影音檔，反覆多聽幾次。

我敢保證，各位的潛意識一定會因此而翻轉。

◇◇◇◇◇沐浴在正面言論之中，你我說的話也會變正向

不論是父母、老師、朋友、主管，只要是別人說的話，在我們心中都會依出現頻率高低，以及在大腦中重複的次數多寡排列，依序化為我們的思維、想法。

說得更淺白一點：不論是聽來的、還是自己說的話，只要聽到的次數越多，我們就越會深信不疑。

當我們一再聽到「你是個扶不起的阿斗」時，我們就會對「自己是個扶不起的阿斗」深信不疑。

當有人不斷地對我們說「你做得到！」時，我們就會認為「自己一定做得到」。

包括我們自己在內，如果身旁多是說話負面的人，我們的想法也會變得負面；如果

周遭多是說話正面的人，我們當然也就會變成一個積極向上的人。

這本書的讀者，應該是以二十世代的社會人士居多。

各位已進入有能力為自己選擇周遭環境的年紀，這一點和小時候很不一樣。

也就是說，組成你我思維的元素，或影響你我的語言、文字，都是我們可以自行選擇的。

要成為傳播資訊的發源地，就要先從接收資訊開始做起。

我們會說出什麼樣的話，取決於我們聽到什麼樣的內容。

而我們說出口的話，決定了我們究竟是招引善緣，還是遠離善緣。

就讓我們盡量多聽好話吧！

只要多聽，就會翻轉我們的潛意識。

培養「說好話」習慣最有效的方法

反覆聆聽師父談話錄音的我

反覆聆聽正向語言，自己說的話也會變正向

消除負面語言，別想要一步到位

◇◇◇◇◇ 想追求完美，就會有罣礙

我有幾件很重要的事，想告訴各位打算開始訓練自己，調整說話習慣的讀者。

首先是**別追求一步到位**。

請各位不要一時心血來潮，就決定「從今天起，我不說任何負面語言！」

如果各位使用負面語言的常態是十分，那只要讓它努力減到九分即可；做到九分之後，下一步再以八分為目標就好。每次只要成功減下一分，就請各位把它當成一百分。

潛意識有個麻煩的毛病，只要過於委屈勉強，就會想回到原來的狀態。舉凡減重的復胖，或高壓禁煙後的反動，都是潛意識運作下的結果。

把自己所說的話都改為正向語言，的確是一件非常可喜的好事。不過，前面我也曾經提過，潛意識無從判斷善惡，而且還很遲鈍。因此，我們只要趁著潛意識尚未察覺之前，一點一滴地改變就好。

◇◇◇◇◇

就算說了負面語言，只要結尾積極正向就好

還有一點。

那就是**除了要注意負面語言之外，更要留意負面言論**。

每個人所說的話，就像是一種旋律。

也就是用各式各樣的語言，織就出一首歌曲。

有時候，曲子當中必須使用負面語言，才能呈現出作曲者想要的感覺。

然而，因為我們已經決定「不用負面語言」，勉強扭曲之下，有時的確會讓整段話的脈絡變得很不對勁。

這裡的關鍵，在於要有宏觀意識，懂得把整段話帶往正面言論的方向上，別過分拘泥小節。簡而言之，就是要請各位留意，不要過於神經質。

最後還有一個要點。

那就是要留意**讓整段話有個正向的結尾**。

人生在世，總會受到各種情緒侵襲。

有時免不了會脫口說出負面言論。

不過，請各位學著接受這種無可厚非。

因為說了一番負面言論而牽腸掛肚，後悔許久，反而對精神衛生有害。與其如此，不如在最後做個正向的結尾，坦承「**我說了一些負面言論，不過因為這些負面的話，讓我今天也獲得了一些很不錯的新發現**」即可。

最理想的狀態，當然是盡量減少負面發言，改用正向說詞。這一點毋庸置疑。

話雖如此，要把所有話題都說成正面言論，我認為在實務上的確有困難。因此，只要整段話是正向的，或「最後結尾是積極樂觀的」就好。

請各位提醒自己：要一點一滴地將潛意識轉為正向，並留意切莫過與不及。

用正向語言為整段話做結尾

不必一步到位也無妨

只要用正面言論結尾就好

勉強為難自己，反而更沮喪

萬一脫口說出負面言論，就用正向語言收尾

POINT

只要整段話是正面言論就好

諸事不順時，別氣餒消沉，要提醒自己繼續持之以恆

◇◇◇◇◇

只要持之以恆，臨界點就會突然到來

大家都期盼「人生要是無往不利，那該有多好」。

沒人會希望自己坎坷不幸，任誰都一樣。

那麼，「改變自己所處的語言環境」這項挑戰，決定成敗的分歧點究竟會是什麼呢？

答案是「持之以恆」，也就是堅持的力量。

當我們要展開一項新計劃時，最理想的情況，莫過於一開始就凡事順利。然而，潛意識和習慣並非一朝一夕就能改變。畢竟它們的成長曲線，也不是天天看漲、一路上攻。

假設我們打算開始學英文。

即使我們有心訓練英文聽力，一開始總難免鴨子聽雷，當然感受不到箇中樂趣，甚至還有可能萌生放棄的念頭。

不過，如果我們能持之以恆，每天聽下去，總有一天，會出現一個讓我們驚覺「欸？」的瞬間——因為我們突然聽懂了。

人類的成長曲線，有一個奇妙的法則：它不是持續攀升，而是經過一段時間的持平之後，某天突然畫出像急轉彎似的垂直向上曲線。

這個轉捩點，我們稱之為「爆發點」或「臨界點」。

一旦爆發點到來，此後就會開始發生許多既有趣、又令人大感不可思議的事。

就語言領域而言，這就是我們潛意識裡的那些語言，由負轉正的瞬間。

我們能否堅持忍耐到爆發點來臨，成了挑戰是否能順利成功的分歧點。

順利的話，此時我們不必使勁費力、勉強硬撐，一切就開始步上軌道，就像所有拼圖都正確接合，甚至彷彿可以聽到「喀恰、喀恰」的聲音似的。

這就是爆發點來臨，也就是時機成熟的訊號。

悠閒愜意地改變語言

持續「說好話」這個行為，我們的潛意識就會開始出現變化。

直到某一天，變化的速度會開始突飛猛進，宛如飛機準備起飛。
起初或許有些人會對「說好話」這件事感到懷疑。
不過，只要積極堅持下去，它就會變成我們的習慣。
就讓我們悠閒愜意地向前邁進，一邊靜待時機成熟吧！

做事要成功，「持之以恆」是關鍵

挑戰成功的人，絕不輕言放棄

只要持之以恆，臨界點就會突然到來

POINT

能堅持到臨界點來到的人，就會成功！

當有人說「你說的話聽起來很不真實」的時候，您的勵志故事將就此展開

◇◇◇◇◇

使用正面言論總會引人懷疑

在我撰寫這本書的過程中，曾接過某位客戶打來的一通諮詢電話。

這位客戶曾說，他是我「語言會成真」理論的忠實擁護者。就我所知，他的確是個盡心盡力、拚命鼓勵旁人的人。

好久沒聽到他的消息，沒想到電話那頭的他，竟顯得相當沮喪。我探問原委之後，才發現是他用正面言論鼓勵某個消沉的人之際，在一旁聽的人說了句「你說的話聽起來很不真實」，讓他被奚落了一番。

聽了這個故事之後，我也覺得有點悲哀。

讓我感到悲哀的，不是這位當事人，而是日本社會世風日下，好心鼓勵別人的人，竟反遭嘲弄的現況。

未來各位在用正向語言鼓勵他人時，或許也會和他一樣，碰上揶揄嘲諷的人。甚至也可能遭人訕笑。不過，萬一碰上這種情況時，請您出聲說這句話：

「**哇！我的人生開啟了一條嶄新的道路**。」

古今中外，從來沒有任何一個故事，提到那些在一旁說「那個傢伙癡人說夢！」、「空談理想有什麼用！」等等風涼話的人，最後功成名就。

每位勇士、英雄也都嘗過遭人訕笑、嘲諷的經驗，才取得站上勵志故事入口的資格。

◇◇◇◇◇

打從遭人訕笑的那一刻起，「正向語言人生」才正式啟動

「就算說了好話，人生也不見得會變好吧？」

會說這種話的，是還沒實際開始培養「說好話」習慣的人。

實際運用過語言的力量，了解語言威力的人，絕不會說這樣的話。

要常保正向語言的習慣，並持之以恆，才能體會語言的力量。

期盼各位別被那些質疑所迷，要勇往直前、堅持力行正向語言的習慣。

當您遭人訕笑，因而說出「哇！我站上起點了」時，表示您的勵志故事將就此展開。

遭人訕笑時，正是您的起點

碰上出言不遜的人，也不必感到挫折

不論任何勇士，也都是從受人嘲諷的經驗開始起步

POINT

要懷抱「不畏訕笑，朝自己的道路勇往直前」的決心

專　欄

寫下「未來的劇本」，意念就會化為語言，故事便開始啟動

◇◇◇◇◇

劇本沒有巧拙之分，儘管自由地寫就好

回首過去，我發現自己也曾編寫過「未來的劇本」，人生也依劇本情節安排，一路搬演至今。

劇中的條件設定或角色安排，固然與實際情況有些許出入，但現在回想起來，仍讓我不禁深感這部劇本的威力之強。

這可不是施法下咒或神明開示之類的精神力量。

只不過是因為我們把對未來的憧憬化為語言、文字之後，再投入情緒感受，編寫而成的這份「未來的劇本」，能讓腦內濾網打開，驅使潛意識朝著實現未來劇本的方向，展開運作。

電視連續劇和電影也都有劇本。演員讀了劇本之後，負責演出指定的角色。這些都只要由我們自己編寫就好，沒有巧拙之分。

首先，請各位把自己想要的未來，編寫成一段完整的故事，而不是只有當下閃過的一些念頭。當這些意念全都化為語言、文字，進而成為一則故事之際，你我的故事才會開始啟動。

在此，謹以我所寫的「未來的劇本」為例，向各位介紹部分內容。

「稀鬆平常的未來餐桌」

二〇一六年春天，我一如往常地吃過早飯，準備展開一天的工作。剛出社會的兒子，已經做好出門上班前的準備，在廚房裡的餐桌旁坐下。他吃完荷包蛋、味噌湯和白飯之後，略帶害羞地說：

「我讀了爸爸寫的書。」

「還真是稀罕啊！你不是完全不看書的嗎？」

「嗯，我打掃房間的時候，它從書架上掉下來，就隨手翻了一下。」

「你覺得如何？」

我接著問他。

「嗯，還不錯啊，只不過……」

兒子說得含糊其詞。

「喂喂喂，這樣讓人很不舒服耶。想講什麼就盡量講啊！」

「嗯，讀完是蠻有共鳴的，但在十五年前，這些想當然耳的事還非得要你寫出來才行嗎？」

「……想當然耳？」

「還說什麼『FOR YOU』，爸，現在要是說這些想當然耳的事，可是會被我們這個世代的人嘲笑喔！既然要寫書，最好找找下一個題材吧。啊，快遲到了，抱歉，我該走了。出門囉！」

說完之後，兒子開著他花光積蓄所買的愛車，行色匆匆地出門去了。

但願將來這個故事能成真。

「還說什麼『FOR YOU』，這些都是想當然耳的呀」……但願這樣的時代會來到。

第4章

「沒有否定的空間」會改變你的人生

前面談了你我可以自行挑戰、嘗試建立的語言習慣。不過，其實光是這樣還不夠。

還有一個相當關鍵的因素，那就是……

「周遭的環境」

人要憑一己之力來改變自己，畢竟還是很不容易。

然而，很多時候只要周遭的環境改變，我們就會在不知不覺中跟著改變。本章就要針對「周遭的環境」這項足以翻轉你我人生的因素，為各位進行詳細的解說。

我們的身邊，聚集了一群與我們波長相近的人

◇◇◇◇◇

波長相符的同類相互吸引，是人和物都有的特性

當我們在同學會之類的場合，和當年的死黨久別重逢時，您是否曾覺得話不投機，或拚命配合了對方的話題，卻覺得沒辦法像以前相處得那麼開心，讓您覺得很失落呢？

又或是曾經和學生時代交往的人，在出了社會之後，彼此的環境改變，因而漸行漸遠了呢？

還是曾在讀了幾本書，或在一些課程當中學過語言、文字的重要性之後，便覺得先前彼此交談很正常、沒什麼問題的朋友，嘴裡說的那些消極發言聽來變得格外刺耳？

每個人都因為各自不同的思維、觀念，而產生類似頻率的東西。

這個類似頻率的東西，一般我們稱之為「波長」。

我們平時也會下意識地談到波長，例如：

「我和那個人很合拍。」

在量子力學的世界裡，這種波長的存在已逐步獲得實證。它和電波一樣，眼睛雖然看不見，但確實存在。

存在這個世界上的東西，包括動物、植物、空氣、水和人，甚至就連聲音等，所有我們想得到的物體，放在顯微鏡下聚焦觀察，就能看到它們的分子，再更細看還有原子、電子等。

而這些物體都有各自的振動頻率。

振動頻率越相近的物質，就越會相互吸引。

此外，據說人所說的話、甚至是思維模式，都有各自不同的頻率。

◇◇◇◇◇ 「莫名」都有它的道理

以前的人，應該都下意識地知道這個法則。

富人和富人聚在一起、企業老闆和企業老闆成群、家庭主婦向家庭主婦靠攏。若要再分得更仔細一點，就連喜歡發表正面言論的人，都會與喜歡發表正面言論的人集結；

愛說負面言論的人，也會自動和愛說負面言論的人聚首。

因為和您處在相似環境，思維和用字遣詞都與您雷同的人，就是會聚集到您身邊來。

神奇的是，我們常會有在與人初次見面、稍微交談之後，就覺得「這個人莫名地合拍」或「話不投機半句多」的經驗。

我想各位應該都有這樣的經驗。

這份「莫名」，其實具有非常重大的意義。

我們的眼睛看不見別人的「思維」，但就是會有那種「合」或「不合」的感覺。

這是因為對方所說的話，已經透露了他與我們的思維、觀念有落差。

波長一致，代表彼此會說的話相同；波長不合，代表彼此會用的語言有差距。

從這個角度思考就不難發現：我們說的話，決定了有哪些人會聚集在你我身旁。

世間萬物都有「波長越合，越會相互吸引」的習性

就算是昔日的死黨，有時「波長」也會變得對不上

和我們有相似環境、思維的人，會主動聚集到我們身邊來

「莫名」都有它的道理

POINT

我們說的話，決定了有哪些人會聚集在你我身旁

每天和「會給您肯定的人」交談一次

◇◇◇◇◇

如果周遭多是嚴厲批評的人，就會過得很辛苦

能成為「一流」的人，都有個共通點——那就是周遭總有一群人，會對他們說「你一定行的！」、「你果然很了不起，是個天才！」之類的話，讓他們對自己懷抱「美麗的誤會」。

願意嚴厲批評我們的人，的確是人生的一大寶藏。然而，為避免我們的心被擊潰，願意給我們糖吃的人，也扮演著相當重要的角色。

若你我身旁有一個人，不論我們說了多麼喪氣的話，或輸得多麼慘烈，都願意對我們說聲「讚！」給我們肯定，那將會是一份莫大的支持。

任何人都會犯錯。這時候，懂得反省，或有個願意嚴厲教訓我們的人，固然都很重要，但別讓自己被這些嚴厲的人包圍。

◇◇◇◇◇

讓「親切好人」為您說聲「讚！」製造美麗的錯覺

曾經有一次，我和一位經常給我建議的前輩，以及另一位有很多煩惱的晚輩，三個人相約聚餐。當天，晚輩向前輩問了這個問題：

「前輩，你有沒有什麼特別重視的習慣？」

「有啊！」前輩毫不遲疑地回答。

「**我每天都要和願意肯定我的人見一面，或通一次電話。只要有幾個這樣的對象，就能常保自己的活力。要是一天到晚都被疾言厲色地教訓，心情絕對受不了。**」

我恍然大悟。

我把這個不論發生什麼事都願意為我們說聲「讚！」的角色，稱為「**親切好人**」。不管我們說什麼，這個人都願意安靜傾聽、表示共鳴，甚至是表示嘉許。除了傷害別人之類的極端話題以外，這個人都願意對我們說聲「讚！」

「要是身旁真有這樣的人，不是會害我們墮落嗎？」

要是您有這樣的想法，您對自己可能太過嚴格了一點。要提升我們的自我肯定，終究還是需要一些甜頭。

奇妙的是，當我們一直聽到別人說「那很棒啊！」、「嗯，這也很不錯」時，往往我們心中的煞車就會鬆開，而過去一直塵封在心裡的出奇巧思，便會在此時蹦出來。

前輩深知這句「讚！」的威力，所以才為了振奮自己，打電話給身旁的人。像這樣的人，即使有煩惱憂愁，也會立刻重新振作起來，堪稱是自我精神控制的專家。

身旁有幾個願意肯定自己的親朋好友，絕不是壞事。能和不否定、不嫉妒的開朗好朋友們，待在同一個空間，真是一大樂事。

和這些好朋友們聊聊之後，的確容易讓人陷入「自己擁有萬能神力」的錯覺，但就是這樣才好。

畢竟人就是要把這個錯覺，也就是把「美麗的誤會」帶來的力量當作引擎，幫助我們一步步攀登高峰。

一流的頂尖人物，身邊都有這樣的「親切好人」。

這些人在彼此砥礪精進的同時，一同把美麗的誤會化為現實。

一流的頂尖人物，身邊都有「親切好人」

某位前輩很重視的習慣

不論發生了什麼事，都願意對我們說聲「讚！」的「親切好人」

POINT

身旁有人願意為自己鼓舞打氣，就能很快地重新振作

如何找出誰才是會為你我改變語言環境的「福星」

◇◇◇◇◇

當「福星」的六大法則

我們常說「物以類聚」，而運氣好的福星，就會和運氣好的福星聚集在一起。運氣好的福星聚在一起，會談運氣好的話題，因此運氣會變得更旺，為彼此拉抬更多好運。

話雖如此，但這樣描述似乎還是稍嫌籠統。因此接下來，就要向各位說明如何分辨福星。

①愛談正面言論

運勢旺的福星，說話、用詞都很正向、肯定，這一點現在或許已不需要我再贅述。我們只要置身在充滿金玉良言的空間裡，潛意識就會受到正面的影響。處於這樣的環境中，我們自己說的話當然也會隨之改變。

起初或許會覺得有些不自在，之後就會逐漸適應。而適應就是潛意識開始改變的證據。懂得帶著美麗的錯覺，朝自己的未來邁進——這也是好運福星應具備的條件之一。

②懷抱遠大夢想

就某種層面上而言，夢想越大，就代表這個人充滿著越多可能。即使目前還處於受人訕笑的階段，但我們自己對這個夢想有多認真追求？覺得這個夢想有幾分真實性？這些都是很重要的關鍵。

有夢想的人，行為就是和一般人截然不同。

即使您現在「還不知道自己的夢想或目標在哪裡」，多接觸這些有夢想的人，您也終將找到自己的夢想。

把「懷抱遠大的夢想，並朝著這個夢想認真地向前邁進的人」認定為福星，保證錯不了。

③身旁都是福星圍繞

這也是一個很重要的觀察重點。

物以類聚——不知為什麼，觀念相同、思維相近的人，或朝著類似目標邁進的人，就是會互相吸引。也就是說，只要認定「身邊圍繞著哪種人，那個人自己就是同一種類型的人」，保證錯不了。

而不斷成長的人，身旁圍繞的都是不斷成長的人。

④常說「我有很多貴人眷顧」

能脫口說出這句話的人，應該就可以認定他是個福星。

每個人身邊，應該多少都會有些討厭鬼。

然而，運勢旺的福星，不太會把那些討厭鬼做的壞事放在心上。

這是因為他們習慣根據自己的經驗，下意識地選擇那些「別人為我做的好事」，在腦中反覆播送的緣故。

他們對那些「會讓自己幸福的事物」，開啟了自己的腦內濾網。

⑤開朗

這個描述非常簡短，但「開朗」確實是個很重要的特質。

所謂的開朗，並不是做任何事都常保亢奮激情、起哄胡鬧。

真正運勢旺的福星，會散發出一種氛圍，如自然色的日光燈般點亮我們的心。

⑥會懂得找尋自己能為對方做什麼

人可以粗略分為兩種類型——「總是想著對方會為自己做什麼的人」，和「思考自己能為對方做什麼的人」。

後者才是運勢旺的福星。

這些人因為自己已經過得很滿足，所以才能從容地待人接物。

這種付出，沒有捨己為人的沉重，而是付出者明白讓人開心所帶來的喜悅，所以才能站在對方的立場著想。

當「福星」的六大法則

①愛談正面言論　②懷抱遠大夢想　③身旁都是福星圍繞

④常說「我有很多貴人眷顧」　⑤開朗　⑥會懂得找尋自己能為對方做什麼

找一群願意一起培養「正向語言」習慣的同伴

◇◇◇◇◇

快要退縮、放棄時，有同伴就能跨過難關

人會因為環境的不同，而有很大的改變。

「有他在我才能走下去」、「有他在我才能變堅強」、「他是支持我的力量」、「他把我從孤獨的深淵拯救出來」、「他帶領我邁向自己理想中的目標」……。

這個「他」，存在地位無與倫比。其實「他」就是——

「**懷抱相同想法的同伴**」

人要憑一己之力來改變自己，畢竟還是很不容易。

即使我們有再堅定的決心，在旁人的抗拒或既往的習慣干擾下，常會讓我們覺得自己快要退縮、放棄。而支持我們走下去的，就是我們的同伴。

因為有同伴，我才能向前走下去。

因為有同伴，我才能跨越難關。
因為有同伴，我才能變堅強。
最重要的是，因為有同伴，我們才能改變自己的習慣。

您有沒有這樣的同伴呢？

滿心只想為您加油打氣的同伴，想必一定願意在絕大多數的情況下，對您說一些正向語言。

◇◇◇◇◇ 同伴對我們說的正向語言，是最好的心靈養分

我很慶幸，自己身邊有很多同伴。

我能像現在這樣寫作出書，都是因為有好同伴、好的群體成員加持、關照——這樣說一點也不為過。

覺得自己快要跌倒受挫時，我總會去拜訪這些好同伴，或打一通電話、寫一封電子郵件給他們，甚至是找他們陪我去喝一杯，總之就是設法和他們聯繫，用他們的正面言論，當作滋補自己的養分，也支持我受挫的心再站起來。

「你沒問題的啦！別擔心，事情一定會順利。」

「你想做的那件事，有這個方法可用啊！」

聽了這些話之後，必須採取行動的，當然還是我自己。

可是，獨自一個人在烏雲裡前進，必定會感到強烈的不安、迷惘和孤獨襲來。

這時候，同伴送給我們的這些話，就成了我們最好的心靈養分。

無往不利的人，或多或少都有一些同伴，給了他們很大的影響。

只要置身在這種有好同伴說好話的環境裡，你我的潛意識就能蓄積更多的正面言論。

選擇相信誰，與誰結伴同行，都是改變自我對話時的關鍵因素。

人會因為環境不同，而有很大的改變

人因為有了同伴，才能變得更堅強

能向前邁進

能跨越難關

能改變習慣

有相同想法的同伴，比較有機會對我們說正向語言

POINT

要讓自己隨時處於良好的環境裡

31 因為上課或看書而燃起的鬥志，為什麼馬上熄火退燒？

◇◇◇◇◇

鬥志難長久，和慶典過後的身心俱疲症候群是一樣的狀態

您是個能常保鬥志高昂的人嗎？

很可惜，我是個鬥志很快就熄火的人。

我曾經有好幾次，在酒酣耳熱的場合和別人聊得很起勁，隔天起床時，卻突然想起「糟糕！昨天我竟然趁著酒興，公開宣布要挑戰自己根本做不到的事……」而大感後悔。

所以，我一直都在思考「該如何常保幹勁十足」，並且再三嘗試。

甚至還曾有一次是為了要激發鬥志，而報名參加了一個熱血澎湃的課程。

我當時很明顯地感受到一種「走錯棚」的氣氛，但在振臂高呼「衝啊！衝啊！衝啊！」的眾人圍繞下，我也只得跟著一起大聲高呼。

因為當場所感受到的疏離感，在我心中揮之不去，所以最後我只上了一堂課，就放

棄了整套課程。

不過，當場我的確覺得深受感動。

就在我步出課程會場之後，鬥志便隨著我跨出的腳步而驟降，當下的感動和誓言，也在約莫三天後完全冷卻。

「為什麼就是不長久？」

在參加過那個課程之後，我冷靜地回顧了一番，發現自己當下的情緒，儼然就像是參加慶典時的那種亢奮。

我從小就在一個「每年都會舉辦一次慶典活動」的環境下長大。上過那堂課之後，我感受到一股虛脫感，就像是在慶典活動過後，會覺得「我什麼都不想做」似的。

打造一個機制，讓鬥志在課程結束後仍不降溫

從大腦的觀點來看，越是非日常的亢奮環境，曲終人散、返回日常時，所感受到的落差越是劇烈。

當潛意識強烈地感受到身處異樣空間時，就會發出「這裡不是你該出現的地方」的

訊號，試圖一口氣將我們拉回日常。

這就是為什麼有人說「演講、上課或看書所燃起的鬥志都不長久」的原因所在。這種現象，就如慶典過後的身心俱疲症候群一樣，過於激昂的鬥志必定會降溫是很正常的，也不可能一直不退燒。

但我個人很喜歡這種鬥志高昂的世界，也算是認同「激發鬥志很重要」的一分子。我不喜歡因為鬥志退燒，就自我放棄，覺得「既然這樣，那就不必讀那麼多書，也不必去參加那些課程了」。於是我一直試著從自己從事教練輔導工作的經驗中，找尋能讓課程所製造的感動、鬥志常存人心的方法。

長年追尋的結果，我找出了一個結論，那就是「**要想出一套機制，好讓學員在課程結束後，仍能常保鬥志**」。

我發現如果有一套能讓學員長期落實執行的機制，就能讓參與課程所獲得的感動，或設定目標、夢想後的雀躍之情，退燒幅度控制在最小範圍之內。

因為上課而升高的鬥志，為什麼無法長久？

上完課之後，狀態就和慶典過後的身心俱疲症候群一樣

POINT

讓自己置身在能常保鬥志的機制中

維持高昂鬥志的三個習慣

◇◇◇◇◇ 做出績效的客戶，都有這些共通點

那麼，究竟該怎麼做，才能打造出一套常保鬥志的機制呢？

為了找出這個方法，我找來了過去曾因為接受過教練輔導，而創造出傲人績效的客戶。結果發現這些發展蓬勃的客戶，都有一個共通點，那就是他們都「成功地保持高昂的鬥志」。

我深入研究了他們和我自己的成功案例，回顧過去順利達標的經驗，並把大家所寫的紙張一字排開，端詳每個案例的情況，發現要常保鬥志高昂，有三個共通點：

- **要有一套可以每天重複操作的簡單機制**。
- **要定期與那些一起朝目標邁進的同伴聯繫**。
- **與導師的接觸頻率很高**。

針對第一個共通點「要有一套可以每天重複操作的簡單機制」，我認為要創造一個場域，讓大家可以持續吸收常保鬥志所需的資訊。

在這個場域裡，我們每天只要花少許時間，接觸相關資訊，就能讓鬥志維持在一定的水準之上。然而，大家每天要在同一個地方聚首，未免太過辛苦，金錢和勞力上的負擔也太沉重，因此在執行上是有困難的。

然而，現代社會已有方便好用的工具問世——那就是社群網站。

於是我決定先開一個只限會員加入的臉書粉絲專頁。成員們只要在這裡報告自己的狀況，或發表自己平常如何落實說好話，就能給彼此良性刺激，也能借用別人的妙方。

後來我也請會員重複聆聽我上傳的影音檔，並回報成果。這也是透過臉書的粉絲專頁，就能輕鬆做到的事。

我請會員反覆聽我的影音檔，並提供回饋，接著就只要讓大家把進度報告或提問，都匯集到留言區即可。

◇◇◇◇◇

創設「永松塾」，作為常保眾人鬥志的園地

針對第二個共通點「要定期與那些一起朝目標邁進的同伴聯繫」，我每個月辦一場實體活動，為大家創造聚會的場域。

如此一來，原本只在網路上交流的朋友，也能在真實世界裡建立連結。

創設這個地點，鬥志就能保持一定程度的水準。

只要再積極邀請大家來參與線下聚會，就能和許多在做同一件事的同伴，定期對話交流，進而成功維持高昂鬥志。

而針對第三個共通點「與導師的接觸頻率很高」，我決定規劃一個場域，來辦理實體聚會活動、讀書會，或進行 Skype 視訊課程，以作為我和學員之間的接觸管道。

就這樣，我的官方教練學院「永松塾」應運而生。透過我自己過去的經驗和客戶的案例，讓學員在這裡學習、實踐一套既能讓自己擘劃的未來成真，又可持續落實執行的教練方法。

本書折口附有學院的官方網站等相關資訊，歡迎有興趣的讀者參考。

要常保高昂鬥志，也有一些訣竅

做出績效的客戶，都有這些共通點

常保高昂鬥志的三個方法

① 要有一套可以每天重複操作的簡單機制

② 要定期與那些一起朝目標邁進的同伴聯繫

③ 與導師的接觸頻率很高

官方教練學院「永松塾」應運而生

POINT

過程中即使想放棄、退縮，只要善用機制，終能養成正向習慣

只要凡事都化為「語言」，您所勾勒的未來必能實現

◇◇◇◇◇

專注於您真正想做的事、想實現的未來

各位的未來，有著無限的可能。

隨著時代變遷，您想實現的未來藍圖，當然也會不斷地修正。

各位大可不必被自己所勾勒的藍圖束縛，只要專注於自己真正想做的事、想實現的未來，並把這些想法告訴那些願意為您加油、不妄加否定的同伴就好。

如此一來，大家就能為您集思廣益，讓您的思考更靈活，大呼「對喔！原來還有這個方法」、「原來如此，還有這條路可走」，更加速實現您的夢想。

我們要認真的談論未來，並在腦中輸入一個明確的目標。

若各位都能做到這一點，這本書就已完成它的使命。

不過，人生在世，有時難免還是會有煩惱。

有時還會萌生些許迷惘。
這時候，我們該如何是好？
重點在於「要把自己勾勒的未來想像，以及自我肯定宣言說出口」。
換句話說，只要養成「說正面言論」的習慣就好。

◇◇◇◇◇◇◇◇◇

與其費心思考通往夢想的方法，不如用語言讓夢想滲透到潛意識裡，效果更快

如果單就現實面來考量，我們可能會被方法或過程等常識束縛，而變得很悲觀。
然而，明確地將夢想輸入腦中，再對自己多說正向語言，潛意識就會自動為我們搜尋實現夢想的方法。
在各位思考各種方法之前，應該先讓夢想滲透到潛意識裡。
不妨懷抱著無限遠大的夢想，和同伴多多暢談彼此壯闊的未來吧！
我想實現什麼樣的未來？
我想和什麼樣的人一起向前邁進？

我想要什麼樣的成功？

我們應該先專注思考這三件事。

實際上，姑且不論是刻意為之或無心插柳，那些被稱為「成功人士」的人，都把這一套方法運用得相當徹底。

總而言之，夢想勾勒得越具體，越有機會實現。

這些夢想也都具備簡潔、易懂的特質。

把自己的夢想告訴別人，固然非常重要，但更重要的，就是您「自己」必須認同。

建議您不妨盡量具體地勾勒自己的未來，以便能讓您自己接受這個目標。

如此一來，您所擘劃的未來必定可以成真。

具體勾勒出您想實現的夢想

您的未來有著無限的可能

和不說否定語言的同伴們自由討論

不受做法或方法束縛，先勾勒明確的想像，再對自己說正向語言

不妨懷抱著無限遠大的夢想，和同伴暢談彼此的未來吧！

POINT

要讓夢想簡潔易懂

34 您所說的話，都會回到自己身上

給出去的東西，會回到自己手上；
說出去的話，也會回到自己身上

◇◇◇◇◇◇◇◇◇

讀到這裡，我想各位應該已經明白：各位所說的話，會先由各位的大腦接收，再通過腦內濾網的篩選後，由潛意識取得這項資訊。

當潛意識判定該項資訊有其需要時，它們就會卯足全力，搜羅讓這句話成真所需的元素。

也就是說，各位所說的話，那些我們隨口對別人說的話，到頭來都會化為現實，回到我們自己身上。

就像我們常說「給出去的東西，會回到自己手上」的道理一樣，說出去的話，也會回到自己身上。

換句話說，雖然這個下場很悲慘，但別人對我們說的那些無情狠話，最終也都會回

到說話者自己身上去。

活在充滿人際關係的社會裡，或許難免會聽到或看到有人對我們出言不遜。不過這終究還是說話者自己要負的責任。

不分男女或老幼，這個規則對所有人都適用。

因此，**請各位不必因為對方的尖銳字句而感到受傷**，平白浪費自己的傷心。

更重要的，是要請各位對自己說的話負起責任，更慎重地使用語言。把精神花在這裡，遠比在意別人說的話更值得。

◇◇◇◇◇ 語言也是一門藝術，要把語言、文字用得乾淨漂亮

我從事文字工作、演講和課程講師的工作，已有十多年的時間。從事這份工作之後，「語言」對我來說，已成為我的商業根基。

廚師都很愛惜自己的菜刀。在廚師的世界裡，流傳著這樣的一句話：

「不愛惜烹飪道具的廚師，會被道具反撲。」

所謂的反撲，應該是指切傷手、受傷之類的意外吧。

聽了這句話之後，我開始覺得：

「如果套用這個想法，那對我來說，語言就是我的菜刀。我可不想被語言反撲啊。」

從此之後，我便開始懂得珍惜語言、文字了。

我在本書中曾多次提及，開頭的那個故事，是以我的師父為藍本所寫成。師父曾一再地教導我語言的重要性。

因為師父的指導，讓我有機會透過語言，在這裡和各位結緣。

還有一個人也曾教我語言的重要性。

我在大學時期，曾參加過一年的「廣告研究社」。

當年我是隨便選了一個社團就報名，因緣際會參加了關東地區的學生廣告大賽，湊巧得了獎。而得獎者的特權，就是有機會和日本最具代表性的文案大師見面。

那位大師私底下對我特別厚愛，每次在東京，都會帶我到新橋的路邊攤小酌，還教我語言的重要。

「聽著，你要記得，繪畫和攝影固然都是藝術，但其實語言也是一門藝術呀！金玉良言擁有讓人幸福的力量。而說出口的話，最後都會回到說話者身上。所以我們說出口的語言、文字，要用得乾淨、漂亮。」

大師曾經給我這樣的教誨。這一席話，至今仍留存在我心裡。

或許我也是從這段時期起，才開始對廣告文案和語言的力量等感興趣。

驀然回首，我才發現自己畢業後到出版社上班，以及日後因為創業而在生意上認識的人，引領我走上了出版、演講這條路，成為我如今以語言、文字為業的契機。

我的師父，還有當年那位文案大師都曾說：

「**說出去的話，會回到自己身上。**」

我相信這個法則。

因此，我時時都在提醒自己，盡可能別在書的封面或內文裡使用負向語言。

說出去的話，會回到自己身上——為了我們自己好，建議各位慎重地使用語言。

「說出去的話，會回到自己身上」的法則

說了負面的話，就會有負面的事回到自己身上

日本最具代表性的文案大師曾說過這番話

全面肯定所有人的終極好話：「感謝你來到這個世界」

◇◇◇◇◇

人生在世，大家都在追求「自我肯定」

生存在這世上的每一個人，不分地位、頭銜、收入、人種，都在追求一樣東西——那就是「我可以放心待在這個地方」、「不論社會上的評斷標準如何，我的存在具有一定價值」的那份感受。

它叫做「自我肯定」。

那麼，是否每個人都具備這份自我肯定呢？很遺憾，答案是否定的。

能為我們填補自我肯定的，也是語言。

距今十六年前（約二〇〇二年），我在九州地區的大分和福岡開始經營五家餐館。

雖然我在二〇一七年初時，為了發展人才培訓、創作和教練服務事業，於東京成立了新的公司據點，但直到現在，員工們仍活力充沛地守護著這五家餐廳。

我們的餐廳，有很多來自日本全國各地的顧客專程造訪。這一點我非常感恩。

在這些上門的顧客當中，曾有人問我：

「你的員工為什麼隨時都充滿活力？」

其實我並沒有做什麼特別的事。

如果一定要說有什麼原因的話，我想應該就是因為這十六年來，我們持續不輟的那個習慣吧。

這個習慣就是：**我們把足以全面肯定眼前這個人的一句正向語言，融入在一項日常業務裡。**

這句正向語言就是「感謝你來到這個世界」，而這項日常業務，就是生日慶祝活動。

員工們會突然關掉店裡的燈光，拉高音樂的音量，拿著蛋糕，傾全力為壽星獻上生日祝福。

這項店內活動的口碑後來越傳越廣，如今在我們的餐廳裡，不僅會為顧客慶生，包括歡迎、送別等各項慶祝會在內，全店總計每年要為顧客辦理多達三千場的慶祝活動。

我記得曾有好幾次，顧客在接受我們的祝福後，出乎意料地大哭，還對我們說「感謝你們給了我活下去的希望」。

「讓眼前的人開心。」

這個舉動，其實就是在為當事人填補不足的自我肯定。

◇◇◇◇◇

用「自我肯定宣言」和「他人肯定宣言」活出豐富的人生

有一段話，可以幫助我們培養為對方著想的同理心。

這段話叫做「他人肯定宣言」，和本書當中介紹過的「自我肯定宣言」是成對的。

自我肯定要達到真正完整的境界，不僅需要肯定自己，還要懂得肯定他人才算完整。

我在下下頁列出了「自我肯定宣言」和「他人肯定宣言」，請各位務必善加運用。

這番話不只可以當作生日或慶祝活動時的祝賀詞，還能在你我的日常生活、待人接物時，大大地改變我們自己的態度。

人生在世，免不了要經歷許多痛苦、煎熬。

有時候，我們的存在會遭到否定，導致我們的自我肯定低落。

有時候，我們雖想向生下自己的父母致謝，卻說不出感謝。

然而，**只要有人願意和我們面對面，願意絕對肯定我們的存在，我們就能繼續活著**

向前邁進。

因此，我們用「感謝你來到這個世界」這句話，來作為兩則宣言的主要概念。它帶有「全面肯定這個人存在」的意涵，會比「感謝你生下了我」更合適。

我深信，我們的員工之所以活力充沛、懂得為人著想且溫暖和藹，其中的一大主因，正是因為他們每天都傾全力地喊出這些話。

自我肯定宣言和他人肯定宣言——常態性地說出這些話就能提升我們的自我肯定。

對自己和對別人都給予絕對肯定

用「自我肯定宣言」和「他人肯定宣言」提升自我肯定

自我肯定宣言

一切都無往不利。

我人生的所有面向，都在不斷地變好。

我每天都用正向積極的語言，懷抱for you的心態，來待人接物。

此刻，仍有很多傑出的好朋友和我所愛的人，圍繞在我的身旁。今後，我要成為一個被更多人需要的人。我想見的人，都會主動找上我。

我的行為都要溫柔、堅強又瀟灑，即使面對困難，也要笑著跨越。

我的精神面、財務面、健康面也都在持續成長。

我要不斷實現新的夢想，成為眾人嚮往的對象。而今而後，我要變得更耀眼。

由衷感謝生下我的父母，以及身旁每一位孕育我成長的人。

我的人生還會變得更好。

他人肯定宣言

衷心感謝你來到這個世界。

衷心感謝你出現在我面前。

從今以後，不論你遭逢什麼樣的磨難，請別忘記，你的身邊還有我。

衷心感謝有緣和你相識。

感謝你來到這個世界。

一句好話，就能讓您所處的世界成為友善空間

◇◇◇◇◇

人只要體認到「語言的力量」，就能看見嶄新的世界

我有一個夢想。

我希望言語霸凌能從這個世界上消失。

每個人都能對「語言的力量」有所自覺，整個社會都變成一個對人說好話、說善意的話、說正向語言的世界。

為了別人，也為了不去傷害自己的潛意識，大家都說好話。

要是這樣的理想世界能成真，那麼如今這個人與人之間用語言霸凌加害、凡事都只用貧富或社會常識來束縛、人人汲汲營營的世界，就會出現改變。

這個在綜合資訊節目或網路新聞上，以放大檢視藝人或名流的一舉一動、大加撻伐為討論題材的悲慘世界，將從此消失。

在這個只以工作成敗或社會地位衡量他人的現代社會成為過去之後，我們一定能看見嶄新的世界。

或許有人會奚落我，說「這些想法未免也太理想化了吧」。

然而，這些奚落我的人，豈不也是對現在這種空洞的沉淪文化感到疲倦了嗎？

◇◇◇◇◇◇◇◇◇

您的字典裡沒有「失敗」，只有「學習」、「成長」和「成功」這三個詞彙

時代一定會進步。

回顧過去，距今一百五十年前，當時切腹自殺還是很理所當然的行為。

而如今已沒有人會切腹自殺。

再從歷史的脈絡上來看，想必各位也都明白，人類一定會再追求進步。

而進步的主軸，就掌握在你我所說的每個字句裡。

在我們有生之年，或許沒有機會聽到，但我仍衷心期盼，在未來的社會裡，大家會這樣說：

「聽說二十一世紀時，人與人之間會互相欺負、霸凌欸！真不敢相信，人類竟然有過那樣的時代。」

並以這個盼望，為本書做結。

讓我們再說幾句正向語言吧！

俗話說「人生有起有落」，但對於已經決定使用正向語言的各位而言，人生的起落，可以做以下這樣的轉換：

生理節律 (biorhythm) 低潮時是「學習期」，上升時是「成長期」，達到顛峰時則是所謂的「成功期」。

若能這樣詮釋，我們的眼前，就只會看到「學習」、「成長」和「成功」。

不論是處於哪一個波段，我們的未來都會變得更美好。

語言可以支持我們的心靈。

人生會因為我們說的一句正向語言，而開始出現變化。

空有意念，夢想不會實現。當意念化為語言之後，這個念頭才會成真。

就讓我們相信語言的力量，繼續在人生路上向前邁進。

用好話來成就您理想中的人生。

這個世界確實會因為我們的正向語言而改變

我所追求的理想世界

用這樣的想法詮釋生理節律

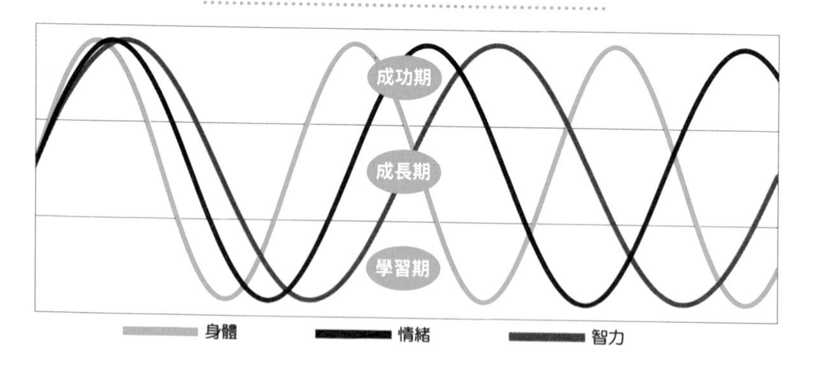

您的字典裡就只有「學習」、「成長」和「成功」這三種狀態

POINT

意念要化為語言才會成真

鉅細靡遺地勾勒出未來的故事，口說好話，還要有很棒的同伴常相左右，一起過好每天的生活。

只要這樣做，理想的未來就會出現在自己眼前——年輕人明白這個道理之後，每當要開始進行新計劃時，他總會先寫下「未來的劇本」，讓夢想不斷地成真。

社會上開始流傳：有個神奇的年輕人，會「預言未來」。於是年輕人開始以「未來劇作家」的身分，為許多民眾指引人生方向。

在許多人眼中，這位年輕人擁有神奇的力量。

然而事實上，這個年輕人根本不曾預言未來。

「只要寫下未來的劇本，人生就會按照劇本所寫的情節發展。」他只不過是明白這個道理罷了。

旅程結束之際，智者傳授給這位年輕人另一套魔法。

那就是……

說出去的話，最後都會回到自己身上。

這句話，和「好話能創造美好人生」同樣重要。

它的意思是說，只要我們對別人說好話，那些好話經過幾番兜轉，最後一定都會回到自己身上來。

現在，年輕人身邊圍繞著一大群好夥伴。這些夥伴和他一樣運用「語言的力量」，過著幸福的人生，並把過去智者傳承下來的「語言的力量」，與更多人分享。

好話能創造美好的未來。
說出去的話，最後都會回到自己身上。
說過的話，最後必定會成真。

結語：語言的力量必定存在

感謝各位讀到這裡。

想必各位應該已經明白：要扭轉人生，其實並沒有我們想像得那麼困難。

「**什麼嘛！原來這麼簡單？那我就先來調整一下自己說的話吧！**」

身為本書作者，若能像這樣，讓各位讀者對未來充滿期待，就是我莫大的喜悅。

我想各位應該已經知道，本書當中並未提及任何一則家喻戶曉、光鮮耀眼的成功故事。包括我個人在內，書中人物都才剛開始在成長的道路上跨出了第一步，乍看之下，都是在社會上到處可見的普通人。

不論各位來自何處、有著什麼樣的過往，只要養成說好話的習慣，人人都能公平地迎接美好的人生。

我希望能透過真實體驗來讓各位了解這個道理，而非理論，所以在本書中加入了許多實際發生過的故事，並特別聚焦在：

①可以在探病時送給住院中的親朋好友

②適合送給重要的人

③讀者可以反覆閱讀

這三個重點，寫成本書。

但願這本書在您或您身旁的人感到痛苦煎熬、傷心難過，甚至是歡欣喜樂之際，都陪伴在各位身邊，從不缺席。

最後，我要對每一位透過這本書而認識我的讀者喊話：

如果有一天，我們真的有緣在某處相遇，請和我分享發生在您身上的語言故事。

願各位在今後的人生旅途上，隨時都有好話圍繞身旁。

永松茂久